目次

効率よく勉強して
テストでいい点を取ろう

成績アップのための学習メソッド

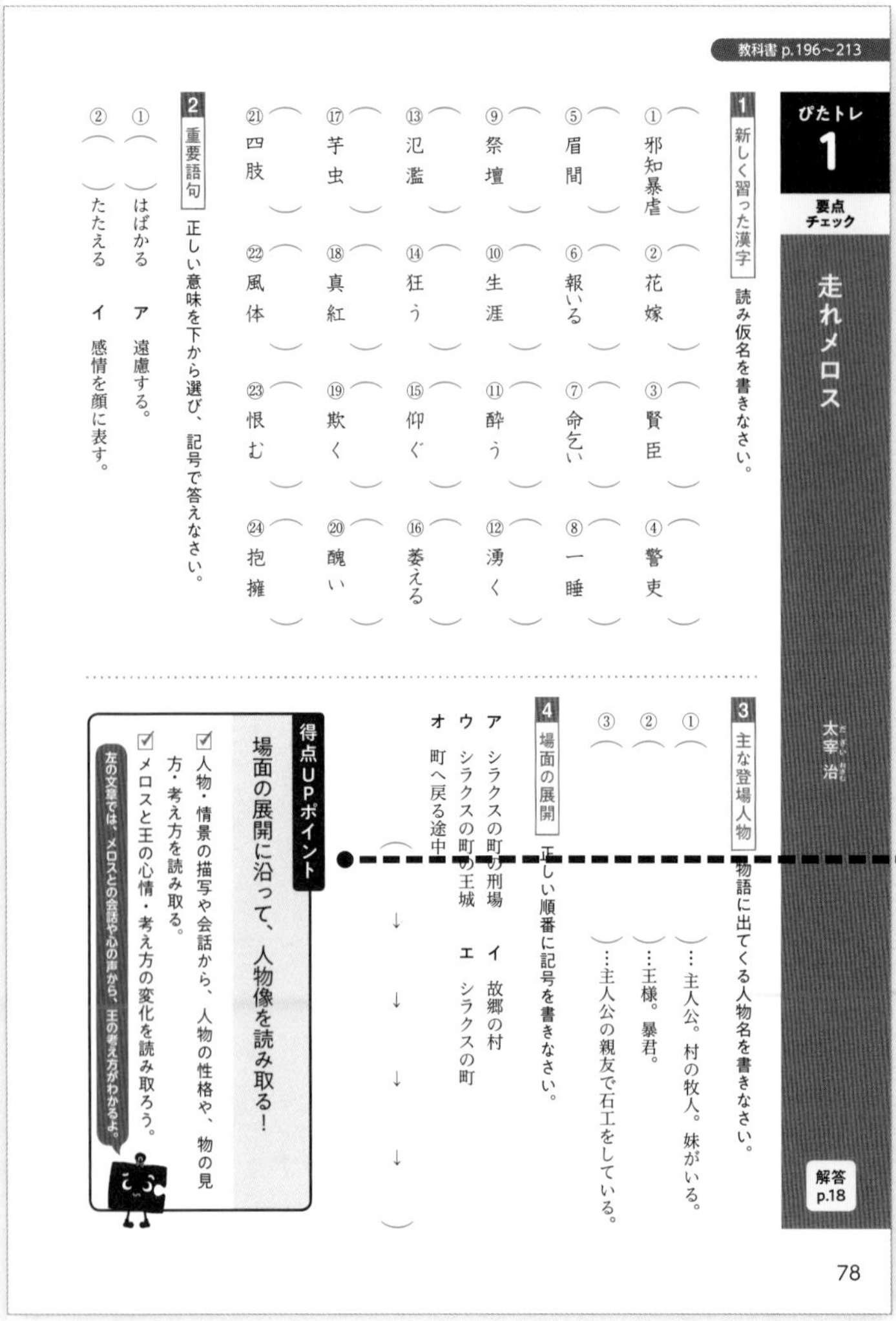
教科書 p.196〜213

ぴたトレ 1 要点チェック

走れメロス

太宰《だざい》 治《おさむ》

解答 p.18

1 新しく習った漢字　読み仮名を書きなさい。

①邪知暴虐（　）②花嫁（　）③賢臣（　）④警吏（　）
⑤眉間（　）⑥報いる（　）⑦命乞い（　）⑧一睡（　）
⑨祭壇（　）⑩生涯（　）⑪酔う（　）⑫湧く（　）
⑬氾濫（　）⑭狂う（　）⑮仰ぐ（　）⑯萎える（　）
⑰芋虫（　）⑱真紅（　）⑲欺く（　）⑳醜い（　）
㉑四肢（　）㉒風体（　）㉓恨む（　）㉔抱擁（　）

2 重要語句　正しい意味を下から選び、記号で答えなさい。

①（　）はばかる　ア 遠慮する。
②（　）たたえる　イ 感情を顔に表す。

3 主な登場人物　物語に出てくる人物名を書きなさい。

①（　）…主人公。村の牧人。妹がいる。
②（　）…王様。暴君。
③（　）…主人公の親友で石工をしている。

4 場面の展開　正しい順番に記号を書きなさい。

ア シラクスの町の刑場　イ 故郷の村
ウ シラクスの町の王城　エ シラクスの町
オ 町へ戻る途中

（　→　→　→　→　）

得点UPポイント

場面の展開に沿って、人物像を読み取る!

☑ 人物・情景の描写や会話から、人物の性格や、物の見方・考え方を読み取る。
☑ メロスと王の心情・考え方の変化を読み取ろう。

左の文章では、メロスとの会話や心の声から、王の考え方がわかるよ。

78

ぴたトレ 1

要点チェック

教科書の教材についての理解を深め、基礎《きそ》学力を定着させます。

言語知識の確認

教科書の新出漢字・重要語句が順番にのっています。

読解教材の基礎知識

登場人物や段落分けなどを問題形式で確認できます。

得点UPポイント

国語の力が付くように、文章読解する際のポイントを示しているよ!

スタートアップ

教材の要点や覚えておくべき文法事項《ぶんぽうじこう》をまとめているよ!

リー子

学習メソッド

STEP1

ノートを整理・確認

定期テストでは授業で取り上げた内容が出やすい。板書を見直して重要なところをおさらいしよう。

←

STEP2

基礎を固める

テスト期間が始まったら、まずはぴたトレ1で教材の要点や文法、新出漢字を復習しよう。

問題を解くのに時間はかけず、横にノートを置いてこまめに確認しながら問題を解いていこう。

←

STEP3

新出漢字を集中特訓

教科書で習った順にまとめられた別冊「mini book」を使って、漢字はすべて書けるように練習しよう。

ぴたトレ2

練習

1 読解問題 文章を読んで、問いに答えなさい。

教科書199ページ16行～200ページ6行

それを聞いて王は、残虐な気持ちで、そっとほくそ笑んだ。生意気なことを言うわい。どうせ帰ってこないに決まっている。このうそつきにだまされたふりして、放してやるのもおもしろい。そうして身代わりの男を、三日目に殺してやるのも気味がいい。人は、これだから信じられぬと、わしは悲しい顔して、その身代わりの男を磔刑《たっけい》に処してやるのだ。世の中の、正直者とかいうやつばらにうんと見せつけてやりたいものさ。

「願いを聞いた。その身代わりを呼ぶがよい。三日目には日没までに帰ってこい。遅れたら、その身代わりを、きっと殺すぞ。ちょっと遅れて来るがいい。おまえの罪は、永遠に許してやろうぞ。」

「なに、何をおっしゃる。」

「はは。命が大事だったら、遅れて来い。おまえの心は、わかっているぞ。」

メロスは悔しく、じだんだ踏んだ。ものも言いたくなくなった。

太宰 治「走れメロス」より

(1) ――線①「残虐な気持ち」とありますが、その内容が書かれているのはどこですか。文章中から探し、初めと終わりの五字を抜き出しなさい。（句読点を含む）

□□□□□～□□□□□

ヒント 王の心の声が書かれている部分を探すよ。

(2) ――線②「おもしろい。」とありますが、このとき王はどんなことを考えていましたか。次から一つ選び、記号で答えなさい。

ア 人の心はあてにならないことを証明できるぞ。
イ うそと知ってだまされるわしも、お人よしじゃわい。
ウ 人の心を信じることができるかもしれぬ。

（　　）

ヒント 王のたくらみを読み取ろう。

(3) ――線③「お前の心は、わかっているぞ。」とありますが、王はメロスが心の中ではどう思っていると考えていますか。次から一つ選び、記号で答えなさい。

ア 三日目の日没までには何としても帰ってこよう。
イ 遅れて帰って、身代わりに死んでもらおう。
ウ 王は三日目の日没より前に身代わりを殺すだろう。

（　　）

ヒント メロスは王の言葉を聞いて、悔しがっているよ。

ぴたトレ 2 練習 走れメロス

タイムトライアル 10分

解答 p.18

79

ぴたトレ2

練習

短い文章問題や言語問題を解いて、理解力や応用力を高めます。

文章読解の練習

文章読解では500字程度の短い文章をすばやく読む練習をします。

文法問題の練習

文法問題ではテストに出やすい問題を中心にまとめています。

ヒント

問題を解くうえでの注意点やポイントを示しているよ!

タイムトライアル

時間を意識して文章を読もう。目標タイムはクリアできるかな。

学習メソッド

STEP1

教科書の文章を読む

文章を少なくとも2回は音読してどんな内容が書かれているのか、頭のなかでイメージできるようにしておこう。

←

STEP2

時間を計って問題を解く

ぴたトレ2の文章には目標時間が設定されている。時間を意識してすばやく解く練習をしよう。

←

STEP3

もう一度解き直す

解いた後に音読をしてからもう一度解けばより理解が深まる。

定期テストで点を取るためには教科書の文章を何度も「音読すること」が大切だよ。
テストのときに文章を読まなくても解けるくらいに、教材の内容をしっかり頭に入れておこう!

ター坊

教科書 p.196〜213

ぴたトレ 3 確認テスト① 走れメロス

1 思考・判断・表現 文章を読んで、問いに答えなさい。 教科書207ページ15行〜209ページ3行

道行く人を押しのけ、跳ね飛ばし、メロスは黒い風のように走った。野原で酒宴の、その宴席の真っただ中を駆け抜け、酒宴の人たちを仰天させ、犬を蹴飛ばし、小川を飛び越え、少しずつ沈んでゆく太陽の、十倍も速く走った。一団の旅人とさっと擦れ違った瞬間、①不吉な会話を小耳に挟んだ。「今頃は、②あの男も、はりつけにかかっているよ。」ああ、その男、その男のために私は、今こんなに走っているのだ。その男を死なせてはならない。急げ、メロス。遅れてはならぬ。愛と誠の力を、今こそ知らせてやるがよい。風体なんかはどうでもいい。メロスは、③今は、ほとんど全裸体であった。呼吸もできず、二度、三度、口から血が噴き出た。見える。はるか向こうに小さく、シラクスの町の塔楼が見える。塔楼は、夕日を受けてきらきら光っている

「ああ、メロス様。」うめくような声が、風とともに聞

(1) ――線①「不吉な会話を小耳に挟んだ。」とありますが、このときのメロスの思いが書かれた部分を文章中から探し、初めと終わりの四字を抜き出しなさい。(句読点を含む。) 10点

(2) ――線②「あの男」とは、誰ですか。名前を答えなさい。 10点

(3) ――線③「今は、ほとんど全裸体であった。」とありますが、この他にもメロスが命懸けで走っている様子がわかる一文を文章中から探し、初めの六字を抜き出しなさい。 10点

よく出る (4) ――線④「赤く大きい夕日ばかりを見つめていた。」とありますが、このときのメロスはどんな気持ちでしたか。次から一つ選び、記号で答えなさい。 10点

ア 今は走り続けるしかないという強い気持ち。
イ 走ることは無駄になるかもしれないという不安な気持ち。
ウ 恨み言を並べるフィロストラトスにいらだつ気持ち。

(5) ――線⑤「刑場に引き出されても、平気でいました」とありますが、なぜ平気だったのですか。 10点

(6) ――線⑥「王様がさんざんあの方をからかって」とありますが、王様はどんなことを言ったと考えられますか。次から一つ選び、記号で答えなさい。 10点

ア メロスがどんな姿で帰ってくるか楽しみだ。
イ メロスはお前が思うより早く帰ってくるかもしれないな。
ウ メロスが帰ってくると信じているなんて、お前はどうかしている。

考える (7) ――線⑦「もっと恐ろしく大きいもの」とありますが、それは何ですか。二十五字程度で答えなさい。 20点

時間20分 /100点 合格75点

解答 p.18

80

ぴたトレ3

確認テスト

テストでも出題されやすいところを実戦形式で解く実力確認問題です。

実戦的な出題

文章はテストによく出る部分を厳選しています。

豊富な記述問題

自由記述の問題が多いですが、答えにはほぼすべての問題の解説がのっています。

よく出る
定期テストに出題されやすい問題だよ!

考える
自分の考えや意見、感想を書く問題だよ!

学習メソッド

STEP1
応用力を身につける
ぴたトレ3では記述問題を中心に難易度の高い問題が出題される。時間を計って実力を確認しよう。

←

STEP2
理解を深める
間違えた問題は必ず解答解説を確認して、本番でも解けるように理解を深めておこう。

←

STEP3
本番前の最終確認
巻末の「定期テスト予想問題」をテスト直前に解いておこう。
余裕《よゆう》があれば音読をもう一度、新出漢字はmini bookを確認して確実に得点できるようにしよう。

ぴたトレ3には「観点別評価」も示されてるよ! これなら内申点も意識できるね!

ピー助

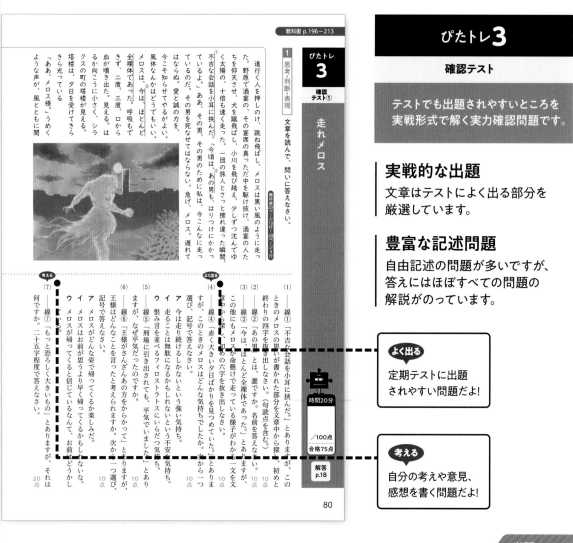

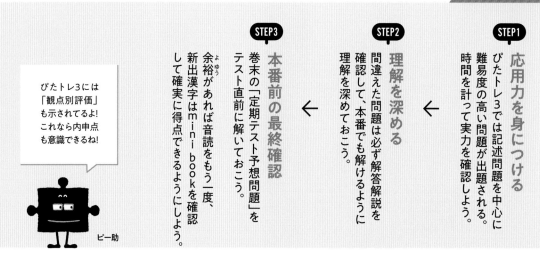

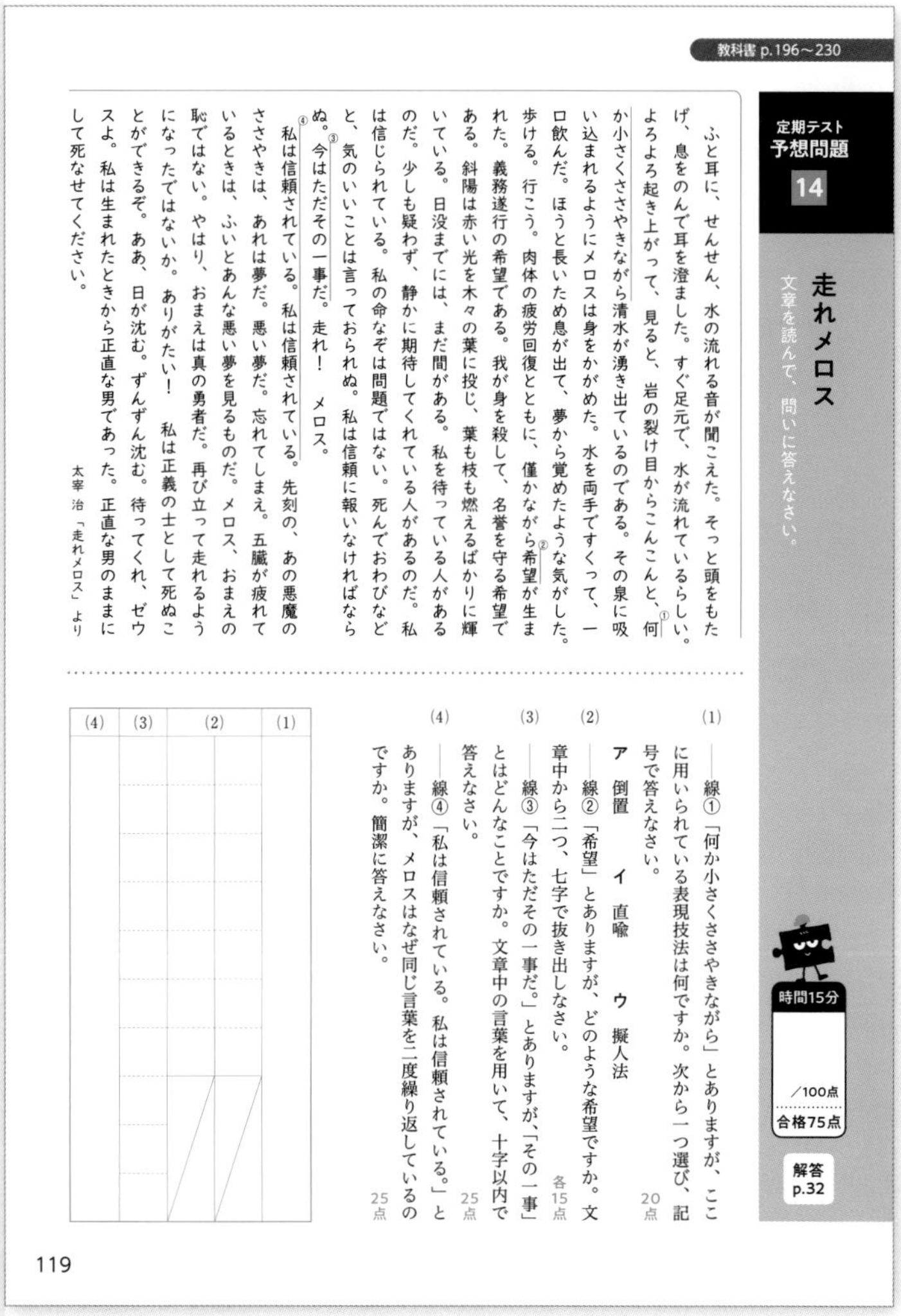
教科書 p.196～230

定期テスト 予想問題 14

走れメロス

文章を読んで、問いに答えなさい。

ふと耳に、せんせん、水の流れる音が聞こえた。そっと頭をもたげ、息をのんで耳を澄ました。すぐ足元で、水が流れているらしい。よろよろ起き上がって、見ると、岩の裂け目からこんこんと、①何か小さくささやきながら清水が湧き出ているのである。その泉に吸い込まれるようにメロスは身をかがめた。水を両手ですくって、一口飲んだ。ほうと長いため息が出て、夢から覚めたような気がした。歩ける。行こう。肉体の疲労回復とともに、僅かながら②希望が生まれた。義務遂行の希望である。我が身を殺して、名誉を守る希望である。斜陽は赤い光を木々の葉に投じ、葉も枝も燃えるばかりに輝いている。日没までには、まだ間がある。私を待っている人があるのだ。少しも疑わず、静かに期待してくれている人があるのだ。私は信じられている。私の命なぞは問題ではない。死んでおわびなど、気のいいことは言っておられぬ。私は信頼に報いなければならぬ。③今はただその一事だ。走れ！　メロス。

④私は信頼されている。私は信頼されている。先刻の、あの悪魔のささやきは、あれは夢だ。悪い夢だ。忘れてしまえ。五臓が疲れているときは、ふいとあんな悪い夢を見るものだ。メロス、おまえの恥ではない。やはり、おまえは真の勇者だ。再び立って走れるようになったではないか。ありがたい！　私は正義の士として死ぬことができるぞ。ああ、日が沈む。ずんずん沈む。待ってくれ、ゼウスよ。私は生まれたときから正直な男であった。正直な男のままにして死なせてください。

太宰 治「走れメロス」より

(1) ――線①「何か小さくささやきながら」とありますが、ここに用いられている表現技法は何ですか。次から一つ選び、記号で答えなさい。 20点

ア 倒置　イ 直喩　ウ 擬人法

(2) ――線②「希望」とありますが、どのような希望ですか。文章中から二つ、七字で抜き出しなさい。 各15点

(3) ――線③「今はただその一事だ。」とありますが、「その一事」とはどんなことですか。文章中の言葉を用いて、十字以内で答えなさい。 25点

(4) ――線④「私は信頼されている。私は信頼されている。」とありますが、メロスはなぜ同じ言葉を二度繰り返しているのですか。簡潔に答えなさい。 25点

(1)	(2)		(3)	(4)

時間15分

／100点

合格75点

解答 p.32

119

定期テスト予想問題

テスト直前に解くことを意識した1ページ完結の実力テスト問題です。

- 全15回収録のテスト問題です。
- 読解問題を中心に、教材によっては文法問題も出題されます。

通知表と観点別評価

学校の通知表は

- 知識及び技能
- 思考力・判断力・表現力
- 主体的に学習に取り組む態度

といった観点別の評価をもとに作成されています。

本書では、観点別の評価問題を取り上げ、成績に直接結び付くようにしました。

［ぴたトレが支持される3つの理由!!］

1
35年以上続く超ロングセラー商品

昭和59年の発刊以降、教科書改訂《かいてい》にあわせて教材の質を高め、多くの中学生に使用されてきた実績があります。

2
教科書会社が制作する唯一の教科書準拠《じゅんきょ》問題集

教科書会社の編集部が問題集を作成しているので、授業の進度にあわせた予習・復習にもぴったり対応しています。

3
日常学習～定期テスト対策まで完全サポート

部活などで忙しくても効率的に取り組むことで、テストの点数はもちろん、成績・内申点アップも期待できます。

ぴたトレ 1
要点チェック

虹《にじ》の足

吉野《よしの》 弘《ひろし》

解答 p.1

1 新しく習った漢字 読み仮名を書きなさい。

①虹（　　）　②乾燥（　　）　③麺類（　　）　④抱く（　　）　⑤頬（　　）

2 重要語句 正しい意味を下から選び、記号で答えなさい。

①（　　）眼下
②（　　）野面《のづら》
③（　　）軽《かろ》やか
④（　　）すっくと
⑤（　　）火照《ほて》る
⑥（　　）格別

ア 顔や体が熱くなること。
イ かるそうなさま。
ウ 他のものよりよいこと。
エ 見下ろしたあたり。
オ 勢いよく立ちあがるさま。
カ 野原のおもて。

スタートアップ

比喩
イメージさせるために、他のものにたとえること。
☑直喩法……「ようだ・ような」を用いてたとえる方法
例 鳥の鳴き声は音楽のようだ。
☑隠喩法……「ようだ・ように」を用いずにたとえる方法
例 鳥の鳴き声は音楽だ。
☑擬人法《ぎじん》…人でないものを人にたとえる方法
例 鳥が歌っている。

象徴《しょうちょう》
説明しにくいことがらを具体的なもので代表させること。
例 平和の象徴……鳩《はと》

詩の表現方法
☑倒置法…言葉の順序を普通とは逆にする
例 楽しかったな、今日は。
☑体言止め…体言（名詞）で文を終える
例 夜空にはたくさんの星。
☑繰《く》り返し…詩の中で同じ言葉を繰り返す
例 早く会いたい、早く会いたい。

ぴたトレ 2

練習

虹《にじ》の足

タイムトライアル 8分

解答 p.1

1 読解問題　詩を読んで、問いに答えなさい。

教科書16ページ〜17ページ

虹《にじ》の足

吉野《よしの》 弘《ひろし》

雨があがって
雲間から
乾麺《かんめん》みたいに真直《まっすぐ》な
陽射《ひざ》しがたくさん地上に刺《さ》さり
行手《ゆくて》に榛名《はるな》山が見えたころ
山路を登るバスの中で見たのだ、
　虹の足を。
眼下にひろがる田圃《たんぼ》の上に
虹がそっと足を下ろしたのを！
野面《のづら》にすらりと足を置いて
虹のアーチが軽《かろ》やかに
すっくと空に立ったのを！
その虹の足の底に
小さな村といくつかの家が
すっぽり抱《だ》かれて染められていたのだ。
それなのに
家から飛び出して虹の足にさわろう
とする人影は見えない。
――おーい、君の家が虹の中にある
ぞオ
乗客たちは頬《ほお》を火照《ほて》らせ
野面に立った虹の足に見とれた。
多分、あれはバスの中の僕らには
見えて
村の人々には見えないのだ。
そんなこともあるのだろう
他人には見えて
自分には見えない幸福の中で
格別驚きもせず
幸福に生きていることが――。

(1) 次の部分に使われている表現技法を後から一つずつ選び、記号で答えなさい。

① 3・4行め「乾麺みたいに真直な／陽射し」

② 7・8行め「眼下にひろがる田圃の上に／虹がそっと足を下ろした」

ア 隠喩法　イ 擬人《ぎじん》法　ウ 直喩法　エ 反復法

①（　　）　②（　　）

ヒント　どちらもたとえを使った表現であることに着目しよう。

(2) 20・21行め「僕らには見えて／村の人々には見えない」ものとは何ですか。詩の中から三字で抜き出しなさい。

ヒント　直前の「あれ」がさしている内容を考えよう。

(3) この詩の主題を説明した次の文の□にあてはまる言葉を詩の中から二字でそれぞれ抜き出しなさい。

・A には幸福に見えても、B ではそのことに気づかずに幸福に生きていることがある。

A

B

ヒント　「虹の足」が何を象徴しているのか考えよう。

ぴたトレ 1

要点チェック

タオル

重松《しげまつ》 清《きよし》

解答 p.1

1 新しく習った漢字　読み仮名を書きなさい。

① 締める（　　）　② 親戚（　　）　③ 祭壇（　　）　④ 肩（　　）

⑤ 合掌（　　）　⑥ 泊まる（　　）　⑦ 釣り（　　）　⑧ 小鉢（　　）

⑨ 旬（　　）　⑩ 甘い（　　）　⑪ 献杯（　　）　⑫ 封筒（　　）

⑬ 雰囲気（　　）　⑭ 継ぐ（　　）　⑮ 連絡（　　）　⑯ 悔しい（　　）

⑰ 拭く（　　）　⑱ 風呂（　　）　⑲ 怪しい（　　）　⑳ 冥土（　　）

2 重要語句　正しい意味を下から選び、記号で答えなさい。

①（　　）けげん　　ア 邪魔《じゃま》な人を追い出すこと。

②（　　）厄介払《やっかいばら》い　　イ まばたきをすること。

③（　　）またたく　　ウ 不思議に思うこと。

3 登場人物　（　）にあてはまる言葉を入れなさい。

●少年…小学五年生。

●祖父…地元で一番の腕を持つ一本釣りの（①　　　）。

●父…若い頃は嫌《いや》がっていたが、今では一人前の（①）。

●シライさん…旅行雑誌の（②　　　）。

十二年前に祖父をグラビアページで紹介《しょうかい》した。

得点UPポイント

指示する語句の内容をおさえる！

☑ 傍線部に指示する語句が含まれているときは、その内容を捉える。

☑ 主に前の部分に着目して、物語の出来事や、登場人物の心情や様子を捉えよう。

左の文章では、「それ」などの指示する語句が数多く出てくるよ。

1 読解問題 文章を読んで、問いに答えなさい。

教科書28ページ17行～29ページ10行

ほら、これ、とシライさんは封筒《ふうとう》から出した写真を何枚かまとめて少年に渡した。

祖父と父がいた。船に乗っていた。二人とも今よりずっと若い。父はまだ二十歳《はたち》そこそこで、祖父も還暦《かんれき》前だった。

はげていない頃の写真を見せたらおじいちゃんは恥ずかしがるだろうか、とクスッと笑いかけて、ああそうか、と頬をすぼめた。もうおじいちゃんと話すことはできないんだな。おとといから何度も思ってきたことなのに、①今初めて、それが悲しさと結びついた。

漁をしている時の祖父の写真は、どれもタオルを頭に巻いていた。いつもだ。昔から変わらない。最後の漁に出たおとといもそうだった。出かける前に庭のほうに回る。漁の道具をしまった納屋《なや》の脇に、針金を渡した物干し台がある。昨日のうちに干しておいたタオルをそこから取って、キュッと頭に巻き付けて、「ほな行ってくるけん。」と港へ向かう。漁を終え、魚市場に魚を卸《おろ》し、仲間と軽く一杯やってから家に帰ってくると、頭からはずしたタオルを水洗いして、物干し台の針金に掛《か》ける。ずっとそうだった。毎日毎日、②それを繰《く》り返していた。

重松 清「タオル」〈はじめての文学 重松清〉より

(1) ――線①「今初めて、それが悲しさと結びついた」という表現からどのようなことが読み取れますか。次から一つ選び、記号で答えなさい。

ア 少年は祖父の写真を見て悲しみが増したということ。
イ 少年は祖父の死を悲しむひまがこれまでなかったこと。
ウ 少年はシライさんと話して初めて祖父の死を知ったこと。
エ これまで、少年が祖父の死を実感できていなかったこと。

ヒント 「それ」の内容を直前の部分から押さえよう。

(　　)

(2) 祖父が最後に漁に出たのはいつですか。文章中から四字で抜き出しなさい。

ヒント 4段落目の中から探そう。

(3) ――線②「それ」が指しているのは「それ」を含む段落のどこからどこまでですか。次から一つ選び、記号で答えなさい。

ア 「漁をしている時の……ずっとそうだった。」
イ 「いつもだ。昔から……ずっとそうだった。」
ウ 「出かける前に……針金に掛ける。」
エ 「昨日のうちに……針金に掛ける。」

ヒント 生前の祖父を語る時の表現の特徴を捉えよう。

(　　)

タイムトライアル 8分

解答 p.1

ぴたトレ 3
確認テスト

タオル

時間20分
／100点
合格75点
解答 p.1

1 思考・判断・表現　文章を読んで、問いに答えなさい。

教科書31ページ4行～33ページ12行

台所の前を通りかかった時、叔母《おば》さんたちの話し声が聞こえた。祖父のなきがらを清めている時の話だった。①首筋のしわをタオルで拭《ふ》いていたら、潮と、魚と、それからさびのにおいが立ち上ってきたのだという。「何十年も船に乗ってきたんじゃけん、体に染《し》みついとるんじゃろうねえ。」と叔母さんが言うと、母が「お義父《とう》さんは風呂《ふろ》が嫌《きら》いじゃったけんねえ。」と返し、みんなで懐《なつ》かしそうに笑っていた。

おとといまではこの家にいた人のことを、もうみんなは思い出話にしてしゃべっている。

②急に寂《さび》しくなった。涙《なみだ》は出なくても、だんだん悲しくなってきた。

玄関からまた外に出て、庭のほうに回った。

納屋《なや》の脇に、ほの白いものが見えた。

祖父のタオルだった。

③手を伸《の》ばしかけたが、触るのがなんとなく怖《こわ》くて、中途半端《はんぱ》な位置に手を持ち上げたまま、しばらくタオルを見つめた。

「おう、ここにおったんか。」

背中に声をかけられ、振り向くと、父とシライさんがいた。

「おじいちゃんの写真、シライさんに見せてもろうとったら、おもしろかったんじゃ。おじいちゃんは漁に出るときはいつもタオルを巻いとったろう。じゃけん、家におる時の写真を見たら、おまえ、

---

(1) ――線①「首筋のしわを……立ち上ってきた」のはなぜですか。文章中の言葉を用いて答えなさい。　10点

よく出る

(2) ――線②「急に寂しくなった」とありますが、少年がこのように感じた理由が読み取れる一文を文章中から探し、初めと終わりの五字を抜き出しなさい。（句読点を含む。）　10点

(3) ――線③について、次の問いに答えなさい。

① この場面の少年の気持ちを次から一つ選び、記号で答えなさい。　10点

ア 死んだ祖父のことを怖がる気持ち。
イ 祖父が亡くなったことを受け止めきれない気持ち。
ウ もうタオルを片付けてしまおうという気持ち。
エ 祖父が亡くなったことをまだ悲しいと思えない気持ち。

② このあと、少年がタオルに触るきっかけになった会話中の一文を探し、初めの五字を抜き出しなさい。　5点

(4) ――線④「じいさんをええ男にして」とありますが、具体的にどうするのですか。十五字以内で答えなさい。　10点

(5) ――線⑤「父は涙ぐみながら」とありますが、このあと父が泣いたことがわかる一文を文章中から探し、初めの五字を抜き出しなさい。　5点

(6) ――線⑥「かすかな潮のにおいは……あった」とありますが、これは少年のどのような様子を示していますか。　10点

考える

(7) 「タオル」が、この文章で象徴《しょうちょう》しているものは何ですか。二十字以内で答えなさい。　20点

みぃんなデコのところが白うなっとるんよ。そこだけ日に焼けとらんけん……。」

父はかなり酔《よ》っているのか、ろれつの怪《あや》しい声で言って、体を揺《ゆ》すって笑った。

「ほいで、今もそうなんじゃろうか思うて棺桶《かんおけ》をのぞいてみたら、やっぱりデコが白いんよ。じゃけん、のう、シライさん、④じいさんをええ男にして冥土《めいど》に送ってやらんといけんもんのう……。」

涙声になってきた父の言葉を引き取って、シライさんが「タオルを取りに来たんだ。」と言った。「やっぱり、タオルがないとおじいちゃんじゃないから。」

⑤父は涙ぐみながら針金からタオルをはずし、少年に「せっかくじゃけん、おまえも頭に巻いてみいや。」と言った。

シライさんも「そうだな、写真撮《と》ってやるよ。」とカメラをかまえた。

少年はタオルをねじって細くした——いつも祖父がそうしていたように。

額にきつく巻き付けた。

水道の水ですすぎきれなかった潮のにおいが鼻をくすぐった。おじいちゃんのにおいだ、と思った。

「おう、よう似合《にお》うとるど。」

父は拍手をして、そのままうつむき、太い腕で目もとをこすった。

シライさんがカメラのフラッシュをたいた。まぶしさに目を細め、またたくと、熱いものがまぶたからあふれ出た。⑥かすかな潮のにおいは、そこにもあった。

重松　清「タオル」〈はじめての文学　重松清〉より

2　——線のカタカナを漢字で書きなさい。　各5点

① 条約をテイケツする。　② キョウシュウの思い。
③ イッセキの船。　④ クヤしい気持ち。

1 (1)	1 (2)	1 (3) ①	1 (3) ②	1 (4)	1 (5)	1 (6)	1 (7)	2 ①	2 ②	2 ③	2 ④
	〜										

ぴたトレ 1

要点チェック

文法の小窓1　活用のない自立語

解答 p.2

1 これまでに習った漢字　読み仮名を書きなさい。

①菊（　　）　②伴う（　　）　③修飾（　　）　④含む（　　）

⑤依頼（　　）　⑥累加（　　）　⑦転換（　　）　⑧挨拶（　　）

2 重要語句　正しい意味を下から選び、記号で答えなさい。

①（　　）違和感
②（　　）奥が深い
③（　　）定義
④（　　）程度
⑤（　　）推量
⑥（　　）呼応
⑦（　　）あいにく
⑧（　　）あたかも

ア　似ていることにたとえる。
イ　都合が悪い様子。
ウ　深い意味がある。
エ　相対的な度合い。
オ　物事の意味などを限定すること。
カ　しっくりこない感じ。
キ　語と語が特定の関係を示すこと。
ク　おしはかること。

スタートアップ

名詞

●人・物・事柄《ことがら》などを表す。

普通名詞	ある種類に属する人・物・事柄の全てを表す。
固有名詞	他と区別された個々の名前。
代名詞	人や物などを指し示す。
数詞	数量や順番を示す。
形式名詞	実質的な意味をもたない。

その他の活用のない自立語

☑連体詞…主に連体修飾語として使われる。
例　この・その・小さな・たいした・あらゆる

☑副詞…主に連用修飾語として使われる。
例　にっこり・ゆっくり（状態の副詞）
かなり・もっと（程度の副詞）
決して・なぜ（叙述《じょじゅつ》の副詞）

☑接続詞…接続語として使われ、前後のつながりを示す。
例　そして・しかし・なぜなら・すると

☑感動詞…感動や呼びかけなど、独立語として使われる。
例　あら・ねえ・おはよう

文法の小窓1 活用のない自立語

タイム トライアル 8分

解答 p.2

1 名詞について答えなさい。

(1) 次の文から名詞を全て抜き出しなさい。

横断歩道を歩くときには、走ってくる車に注意しなさい。

(2) 次の――線の名詞の種類をあとから一つずつ選び、記号で答えなさい。

①私は、②書店で本を③二冊買った。書店には読んだ④ことのある⑤夏目《なつめ》漱石《そうせき》の本がたくさんあった。

ア 普通名詞　**イ** 固有名詞　**ウ** 代名詞　**エ** 数詞　**オ** 形式名詞

(3) 次の文の（　）に入る接続詞をあとから一つずつ選び、記号で答えなさい。

① うまくいくと思った。（　）、そうではなかった。
② 熱があった。（　）、学校を休んだ。
③ ひさしぶりです。（　）、本題に入ります。
④ パンを食べますか。（　）、焼きそばにしますか。

ア だから　**イ** だが　**ウ** それとも　**エ** では

2 名詞以外の活用のない自立語について答えなさい。

(1) 次の文章から①連体詞・②副詞・③接続詞・④感動詞をそれぞれ一つずつ抜き出しなさい。

ある日、自転車をゆっくり走らせていた。すると、なつかしい感じのする音が聞こえてきた。ああ、思い出した。

(2) 次の文の（　）に入る叙述《じょじゅつ》の副詞をあとから一つずつ選び、記号で答えなさい。

① 明日は、（　）雨になるだろう。
② （　）失敗しても、くじけてはならない。
③ おひまなときにでも、（　）おいでください。
④ （　）山のような量の本だ。

ア まるで　**イ** おそらく　**ウ** たとえ　**エ** ぜひ

1 (1)	1 (2)	2 (1)		2 (2)	2 (3)
	①	①	③	①	①
	②	②	④	②	②
	③			③	③
	④			④	④
	⑤				

ぴたトレ 1

要点チェック

漢字の広場1　まちがえやすい漢字

（漢字の練習1）

解答 p.3

1 新しく習った漢字　読み仮名を書きなさい。

①謙遜（　　）　②伸縮（　　）　③消耗（　　）　④硝酸（　　）

⑤側溝（　　）　⑥購買（　　）　⑦座禅（　　）　⑧袖（　　）

⑨襟（　　）　⑩鍛錬（　　）　⑪食膳（　　）　⑫修繕（　　）

⑬喝采（　　）　⑭褐色（　　）　⑮阻止（　　）　⑯研磨（　　）

⑰就く（　　）　⑱一対（　　）　⑲図る（　　）　⑳損なう（　　）

㉑軽やか（　　）　㉒引率（　　）　㉓若年（　　）　㉔明星（　　）

2 重要語句　正しい意味を下から選び、記号で答えなさい。

①（　　）賢慮《けんりょ》　　ア　かしこい考え。

②（　　）堅塁《けんるい》　　イ　守りがかたいとりで。

スタートアップ

「つくり」がよく似ている漢字

●主に漢字の右側の部分を「つくり」という。

例「購」と「溝」、「場」と「湯」、「録」と「緑」

部首がよく似ている漢字

例「仕」と「往」…「イ」と「彳」

「神」と「複」…「ネ」と「衤」

部首が同じ漢字

例「姉」と「妹」…「女」（おんなへん）が同じ。

「開」と「間」…「門」（もんがまえ）が同じ。

「つくり」の部分が同じ漢字は音が同じであることが多いよ。また、部首が同じ漢字は意味に共通点があることが多いね。

タイムトライアル 8分

解答 p.3

1

(1) 「つくり」がよく似ている漢字について答えなさい。

次の□にあてはまる漢字を後から一つずつ選び、記号で答えなさい。

A 円の半□。
B □快な動き。
C □済が活発になる。

ア 軽 **イ** 経 **ウ** 径

(2) 次の文の——線の漢字を正しい漢字に直したものを下から一つずつ選び、記号で答えなさい。

① 心静かに静神を集中する。（**ア** 晴 **イ** 精 **ウ** 清）
② 友人を両親に昭介した。（**ア** 招 **イ** 照 **ウ** 紹）
③ 学校の規即を守る。（**ア** 測 **イ** 側 **ウ** 則）
④ 努力してよい成石を収めた。（**ア** 績 **イ** 積 **ウ** 責）
⑤ 危剣な場所には近づかない。（**ア** 険 **イ** 検 **ウ** 験）
⑥ 選手の活躍に期寺する。（**ア** 特 **イ** 待 **ウ** 持）

2

部首が似ている漢字について答えなさい。

次の□には、【A】「ネ」（しめすへん）と【B】「衤」（ころもへん）の漢字どちらが入りますか。あてはまる記号で答えなさい。

① 損失を□《おぎな》う。
② 勝利を□《いの》る。
③ □《ふく》雑な気持ち。

3

部首が同じ漢字について答えなさい。

次の漢字に共通する部首の意味を下から選び、記号で答えなさい。

① 「階」「陸」「防」
② 「店」「庫」「廊」
③ 「迫」「遠」「退」
④ 「窓」「空」「究」
⑤ 「列」「刊」「別」

ア 行く
イ 小高い土地
ウ 家や屋根
エ 刀
オ あなをあける

1 (1)	1 (2)	1 (2)	2	3	3
A	①	④	①	①	④
B	②	⑤	②	②	⑤
C	③	⑥	③	③	

ぴたトレ 1
要点チェック

日本の花火の楽しみ

小野里《おのざと》 公成《きみなり》

解答 p.3

1 新しく習った漢字 読み仮名を書きなさい。

① 欧米（　　）
② 魅力（　　）
③ 芯（　　）
④ 破綻（　　）
⑤ 上昇（　　）
⑥ 余韻（　　）
⑦ 誇る（　　）
⑧ 跡形（　　）
⑨ 琴線（　　）

2 重要語句 正しい意味を下から選び、記号で答えなさい。

①（　　）極限
②（　　）明瞭
③（　　）熟練
④（　　）情緒
⑤（　　）風情《ふぜい》

ア 事にふれて起こる微妙な感情。
イ はっきりしていること。
ウ 物事の最もぎりぎりのところ。
エ 風流なあじわい。おもむき。
オ 物事に慣れて、上手なこと。

3 段落構成 （　）にあてはまる言葉を〈　〉から選んで書きなさい。

●初め（話題）
…日本の花火の（①　　）について。
→文章の内容を端的に述べている。＝（②　　）

●中（具体的な説明）
…花火の（③　　）や、花火師の工夫について。
→日本の花火を詳しく説明している。＝（④　　）

●終わり（まとめ）
…日本の花火は、味わいに富んだ（⑤　　）である。
→文章をまとめている。＝（②）＝筆者の主張

〈芸術　特徴　構造　全体　部分〉

花火師は理想の花火を作るために日々技術をみがいているんだね。

日本の花火の楽しみ

タイムトライアル 8分

解答 p.3

1 読解問題 文章を読んで、問いに答えなさい。

教科書49ページ15行～50ページ11行

花火師たちは、花火を作り、それを打ち上げることを仕事とする。危険な火薬を取り扱うため、制作時にも打ち上げ時にも安全に配慮しながら、日々、新しい花火の創作に打ち込んでいる。

①花火師によると、②理想とする花火の姿は、ゆがみなくまん丸く大きく開いたものだという。破綻《はたん》のない丸さは、日本の花火の最大の特徴として追求されてきた要素だ。さらに、はっきりした発色で一斉に変色し、一斉に消える。芯物《しんもの》の場合は、芯の部分全体ができるだけ丸く大きく開き、その中心が一点に合わさる。それぞれの条件は単純だが、同じように細心の作業をしても、全てを満たす③満足のいく花火玉は、年に数えるほどしか生まれないとのことである。

形の乱れやゆがみは、見た目の美しさを半減させる。花火作りは、内包する部品作りから組み立てにいたるまでほとんどが手作業で、その良しあしや精度が、開花した時の姿に大きく影響する。丁寧《ていねい》な作業を積み重ねることで、理想の姿に近づけていくのだと花火師は言う。

小野里　公成「日本の花火の楽しみ」より

(1) ――線①「花火師」について、花火師の仕事の内容をまとめている部分を文章中から十六字で探し、初めと終わりの五字を答えなさい。

ヒント　――線部の前の部分に注目しよう。

□□□□□～□□□□□

(2) ――線②「理想とする花火の姿」としてあてはまらないものを次から一つ選び、記号で答えなさい。

ア　芯全体はできるだけ大きく、一点に集中していること。
イ　形が崩《くず》れないように、開いた時はあまり広がらないこと。
ウ　開いた時に、乱れなくまん丸な形をしていること。
エ　あざやかな色で、一気に色が変わっていくこと。

ヒント　理想的な花火の特徴を整理しよう。

（　　）

(3) ――線③「満足のいく花火玉」とありますが、筆者は、「花火玉」のできばえには、何が影響すると述べていますか。次の文の□にあてはまる言葉を、文章中から七字で抜き出しなさい。

・部品作りから組み立てにいたるまでの手作業の□。

ヒント　設問文の「影響」という言葉に注目しよう。

□□□□□□□

ぴたトレ 3 確認テスト

日本の花火の楽しみ

時間20分
／100点
合格75点
解答p.3

1 思考・判断・表現 文章を読んで、問いに答えなさい。

教科書50ページ15行〜52ページ10行

花火玉が開いて、①星が一斉に飛び散って作る全体の形のことを「盆」という。花火が開く時の直径は、花火玉の大きさでおおよそ決まっているが、それをより大きく見せ、理想的な盆にするために、星を正確に敷《つ》き詰め、加えて、割火薬《わりかやく》の爆発力と、玉皮《たまかわ》の強度などのバランスを追い求める。

花の花弁や芯《しん》になぞらえられる星は、花火の命といわれる。全ての星が一糸乱れず均等に飛び、同時に変色し、消えなければならない。②内包する数百の星を均質に仕上げるために、花火師は星の製作に最も神経をつかう。形や燃え方にふぞろいがあれば、その星はまっすぐに飛ばない。いくつかの星が蛇行することを「星が泳ぐ」、着火しない星があって均等に広がった光の一部が欠けることを「抜け星」という。いずれも、理想とする花火の姿を破綻《はたん》させてしまう要因になる。

それぞれの③星の色合いや変色の具合も、観客の目を楽しませることができるかどうかに影響する。花火の完成度を高めるためには、色の変化の多さだけではなく、理想の色に見えるか、また、足並みがそろって同時に変化しているかが重要だ。

花火が消える時には、全ての星が一つも残らず一斉に燃え尽《つ》きて、全体が一瞬《いっしゅん》で消えるのが理想で、これを「消え口がよい」と評価する。消え際《ぎわ》のよい花火は強烈な余韻《よいん》を残し、④開いている時の華やか

(1) ――線①「星が一斉に飛び散って」とありますが「星」は何にたとえられますか。文章中から六字で抜き出しなさい。 10点

よく出る

(2) ――線②「内包する数百の星を均質に仕上げるために、花火師は星の製作に最も神経をつかう」のはなぜですか。「形や燃え方」という言葉を用いて答えなさい。 10点

(3) ――線③「星の色合いや変色の具合」とありますが、その良しあしの基準は何ですか。文章中から四十五字で探し、初めと終わりの五字を抜き出しなさい。(句読点を含む。) 10点

(4) ――線④「開いている時の……落差」とありますが、何と開いている時との落差ですか。文章中から三字で抜き出しなさい。 5点

(5) ――線⑤「観客を楽しませるという観点」で、現在の花火のあり方としてあてはまらないものを次から一つ選び、記号で答えなさい。 5点

ア さまざまな形をした花火を作ること。
イ 今までにはない動きのある花火を作ること。
ウ 打ち上げる花火の組み合わせを工夫すること。
エ 一発の花火にリズムを持たせること。

(6) ――線⑥「その一瞬の成果」とありますが、どういうことですか。文章中の言葉を用いて答えなさい。 20点

考える

(7) 筆者が日本の花火を芸術と考える理由を文章中の言葉を用いて四十五字程度で答えなさい。 20点

さとの落差が、より鮮烈な印象とはかなさを見る者の心に焼きつける。花火師が丹精をこめて作った花火は、こうして夜空で咲き、消え去る時にようやく完結する芸術となるのだ。

　現在の花火大会では、一発のできばえはもちろんのこと、それを連続して打ち上げる時の組み合わせやリズムといった演出面も、⑤観客を楽しませるという観点から重要となっている。さらに、追い求めてきた丸く開く花火だけでなく、その技術をもとに、さまざまな形やこれまでにない動きをする花火も生み出され続けている。

　こうして、熟練された花火師によって作られる日本の花火は、世界に誇《ほこ》ることのできる水準となっている。だが、誰もがその仕組みや価値を確認するために、花火を見ているわけではないだろう。花火は、大きな音とともに華やかに夜空に咲き、その直後には跡形《あとかた》もなく消えてなくなってしまう。その印象が、心の中にのみ残るので、人々は何度も見たいと思うのだろう。⑥その一瞬の成果の背後には、花火師たちの高い技術が隠されている。古来より、情緒、風情《ふぜい》といった感覚をよく理解し、求める日本人にとって、華やかさとはかなさとを同時に味わえる花火は、実に琴線《きんせん》にふれる、味わいに富んだ芸術なのだと思う。

小野里　公成「日本の花火の楽しみ」より

2 ――線のカタカナを漢字で書きなさい。　各5点

① オウベイ諸国。
② ミリョクのある人。
③ 太陽がノボる。
④ コトの音をきく。

1						2	
(1)	(2)	(3)	(4)	(6)	(7)	①	③
		〜	(5)			②	④

ぴたトレ 1 要点チェック

水の山　富士《ふじ》山

丸《まる》井《い》　敦《あつ》尚《なお》

解答 p.4

1 新しく習った漢字　読み仮名を書きなさい。

① 麓（　　）　② 湧水（　　）　③ 超す（　　）　④ 溶岩（　　）　⑤ 粘る（　　）　⑥ 巨大（　　）

2 重要語句　正しい意味を下から選び、記号で答えなさい。

(1)
① （　）流出　　ア　そのものだけが持つ性質。
② （　）断面　　イ　明らかにしようとすること。
③ （　）特質　　ウ　流れて外へ出ること。
④ （　）末端　　エ　物のはしの部分。
⑤ （　）恩恵　　オ　切り口の面。
⑥ （　）追究　　カ　めぐみ。いつくしみ。

(2)
① （　）ほぼ　　ア　いいかえれば。
② （　）すなわち　　イ　おおよそ。

3 問題提起　（　）にあてはまる言葉を入れなさい。

●筆者の調査のきっかけ…富士山の山腹には（①　　）がない。

●筆者の問い①…富士山に降った大量の（②　　）はどこに行ってしまうのか。

●筆者の問い②…富士山からの（③　　）の恵みはどのようにしてもたらされるのか。

得点UPポイント

説明の仕方に着目し、理由と結果を読み取る！

☑「水の山　富士山」は筆者が富士山について調べた結果や事実を説明している文章である。

☑ 接続語を使って、調査の内容、結果、わかったことの関係がわかるように説明している。

左の文章では、理由を表す接続語が出てくるよ。

水の山　富士山

1 読解問題　文章を読んで、問いに答えなさい。

教科書56ページ1行～56ページ16行

溶岩《ようがん》には、冷えて固まる時にガスが抜けてできた、スポンジのような細かな穴がある。富士山の表面はこの冷えた溶岩に覆われているため、水は溶岩の穴を通って地中にしみ込んで地下水となっている。そのため、①富士山の表面には河川がないのである。

加えて、富士山の溶岩は、国内の火山としては粘《ねば》り気が少なく、遠くまで流れていくという特質をもつ。そのため、富士山は均整のとれた円錐《えんすい》形になり、②広い裾野《すその》をもつことになった。そして、裾野では、地下水となって遠くまで流れてくる水を利用して、多くの人々が暮らすようになったのである。

続いて、このような構造になっている富士山の地下で、③水がどのように流れているかを調べることにした。約一万年前からの噴火で積み重なった溶岩流を、富士山麓《さんろく》の湧水《ゆうすい》と重ねてみる（図2）。すると、溶岩流の末端部に湧水があることがわかる。もしかしたら、溶岩流が、地下水の流れる道となっているのかもしれない。

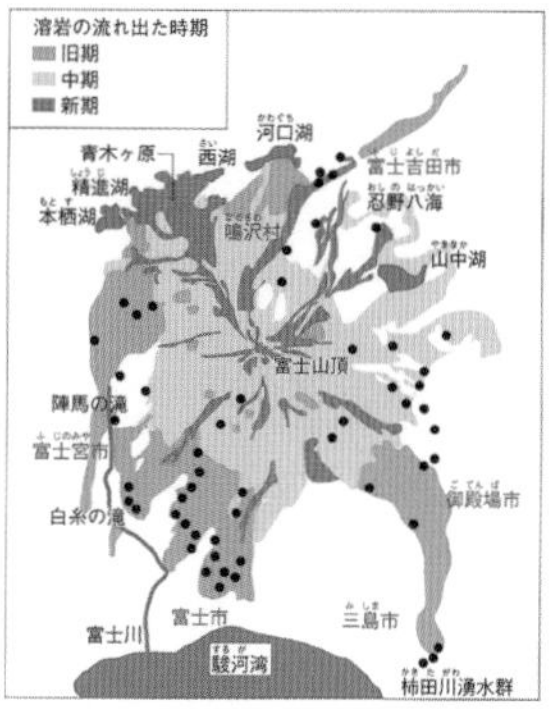

図2　富士山の地表の溶岩流が流れた時期と場所（●は主な湧水）

丸井 敦尚「水の山　富士山」より

(1) ――線①「富士山の表面には河川がない」とありますが、この理由を次から一つ選び、記号で答えなさい。

ア　水は表面にある溶岩によって冷えて固まってしまうから。
イ　水は表面を覆う溶岩の穴を通って、地中にしみ込むから。
ウ　水は表面の溶岩といっしょに、地中にしみ込んでいくから。

（　　）

ヒント　――線部より前のところから考えよう。

(2) ――線②「広い裾野をもつことになった」とありますが、富士山がこのようになったのはなぜですか。次の文の□に合うように、文章中から十七字で探し、初めの五字を抜き出しなさい。

・溶岩に□から。

ヒント　「そのため」の前の部分が理由であることを捉えよう。

(3) ――線③「水がどのように流れているか」とありますが、この問いに対して調べる前の仮説を述べた一文を文章中から探し、初めの五字を抜き出しなさい。

ヒント　仮説を示す表現を見つけよう。

タイムトライアル 8分

解答 p.4

図2：令和2年検定済み 教育出版 中国2年より

ぴたトレ 3 確認テスト

水の山　富士山

時間20分　／100点　合格75点　解答 p.4

1 思考・判断・表現

文章を読んで、問いに答えなさい。図2は省略。

教科書57ページ6行〜59ページ9行

　この地下水が富士山につながっているかどうかを確認するため、山腹と湧水《ゆうすい》の間の裾《すそ》野に広がる青木ヶ原《あおきがはら》樹海に入って調べてみた。樹海には、溶岩《ようがん》流が流れた跡《あと》にできる巨大《きょだい》な洞穴が数多く存在する。直径十メートル以上の洞穴が、長さにして五百メートル以上続くこともある。洞穴の中には、地下水が地層からしみ出ている場所もある。①洞穴内の水は、千メートル以上の標高差を下ってきたことも、調査の結果からわかっている。すなわち、富士山はそれ自体が、時期の異なる二つの地層に挟《はさ》まれた巨大な水脈であり、山頂や山腹にもたらされた②降水は、溶岩流に沿って四方八方へと流下していたのである。

　もう一度、富士山の地表の溶岩流（図2）を見てみよう。富士山の北側には、富士五湖と呼ばれる湖がある。その一つの本栖《もとす》湖では、湖底に湧水が発見されており、洞穴の中の地下水と同じ水質であることがわかっている。すなわち、降水は地下水となって洞穴を通り、富士五湖に湧《わ》き出していたことになる。富士五湖のそばには忍野八海《おしのはっかい》があり、③ここの水質も洞穴内の水と同じであった。富士山の南側にも柿田川《かきたがわ》湧水や三島《みしま》市の湧水群があり、それらの湧水の水質も富士山麓《さんろく》の地下水と同様、二十年以上の時間をかけて流下してきたことがわかってきた。さらに駿河《するが》湾の海水にも、富士山から来た水が含まれていることもわかっている。

(1) ――線①「洞穴内の水は……わかっている」が意味することについて、次の文の□にあてはまる言葉を、文章中から五字で抜き出しなさい。　10点

・洞穴内の水は富士山の□から流下したものであること。

(2) ――線②「降水は……流下していた」とありますが、富士山の降水が山麓へたどりつくのにどのくらいの時間がかかりますか。文章から抜き出しなさい。　5点

(3) よく出る　――線③「ここの水質も……あった」から忍野八海の水についてどのようなことが言えますか。「……忍野八海に湧き出ていること。」につながる形で、文章中の言葉を用いて答えなさい。　10点

(4) ――線④「その差」とは、何と何の差ですか。比較《ひかく》されているものを次から二つ選び、記号で答えなさい。　5点

ア　降水量　　**イ**　蒸発量

ウ　降水量と湧水の湧出量。　**エ**　蒸発量と湧水の湧出量。

(5) ――線⑤「人々の生活を支えている」とありますが、この具体例を述べているひと続きの二文を文章中から探し、初めと終わりの五字を抜き出しなさい。（句読点を含む。）　10点

(6) ――線⑥「これら」とは何を指していますか。文章中の言葉を用いて十字以上十五字以内で答えなさい。　10点

(7) 富士山麓の清流の特徴を文章中の言葉を用いて二つ答えなさい。　10点

(8) 考える　降水と湧水の関係について、富士山が果たす役割とは何ですか。「降水」「水脈」という言葉を用いて答えなさい。　20点

このように、私たちは洞穴や湖、湧水という窓をとおして、富士山頂から山麓を下り、いずれは海洋へと流れる水の旅を追いかけることができた。初めに述べた降水量と湧水の湧出量の違いだが、降水量の半分ほどは蒸発し、五億トンほどは湧水となることから、④その差は海底に湧き出していることになる。

この豊富な地下水は、⑤人々の生活を支えている。地下水がつくる清流は、年間を通して水温が一定に保たれている。また、山頂から山麓までの長い距離《きょり》を流れている間に、地層に含まれる物質が溶《と》けこみ、その中には、生物の成育に欠かせない栄養分も豊富に含まれている。このような水が、ワサビの栽培のほか、ヤマメやイワナの養殖などにも使われている。さらには、私たちの喉を潤す飲料水にもなっている。

湧水をめぐって富士山麓の仕組みや構造に注目することで、富士山が雄大《ゆうだい》な自然を形づくるとともに、多くの恩恵を私たちにもたらしていることがわかった。一方、富士山には、地表に近いところの湧水だけでなく、地下深くから上ってくる水の動きなど、水に関することでも未解明の課題が残されている。⑥これらについても追究していくことによって、富士山の新たな魅力を捉えていくことができるにちがいない。

丸井 敦尚「水の山 富士山」より

2 ――線のカタカナを漢字で書きなさい。 各5点

① 山のフモトに暮らす。

② 予想をコえる。

③ 金属をヨウセツする。

④ ネバり強い性格。

1								2			
(1)	(2)	(3)	(4)	(5)	(6)	(7)	(8)	①	②	③	④
			・ 忍野八海に湧き出していること。	〜							

ぴたトレ 1 要点チェック

言葉の小窓1　敬語

解答 p.5

1 これまでに習った漢字　読み仮名を書きなさい。

① 違う（　　）　② 玄関（　　）　③ 遅れる（　　）　④ 頼む（　　）
⑤ 忙しい（　　）　⑥ 紹介（　　）　⑦ 皆（　　）　⑧ 宿泊（　　）
⑨ 飾る（　　）　⑩ 後輩（　　）

2 重要語句　正しい意味を下から選び、記号で答えなさい。

①（　）丁重　ア 新しくこしらえること。
②（　）上品　イ ていねいなこと。
③（　）良質　ウ 質がすぐれていること。
④（　）新調　エ 品がよいこと。

スタートアップ

尊敬語

● 動作などの主体である人物を高めて言う言葉。
・特別な言い方の尊敬語　→ 例 おっしゃる
・お（ご）～になる　→ 例 お書きになる
・～れる・～られる　→ 例 書かれる
・お～・ご～（相手側の事物）　→ 例 お名前

謙譲《けんじょう》語

● 動作などの主体である人物を高めて言う言葉。
・特別な言い方の謙譲語　→ 例 申しあげる
・お（ご）～する　→ 例 お願いする
・お～・ご～（自分側の事物）　→ 例 ご連絡

丁寧《ていねい》語

● 改まった場面などで相手に対し、丁寧に述べる言葉。
・～です・～ます　→ 例 書きます
・～ございます　→ 例 ありがとうございます

美化語

● 物事を上品に表現した言葉。
・お～　→ 例 お水・お茶
・ご～　→ 例 ご飯

敬語は相手や場面によって使い分けよう。

ぴたトレ 2

練習

言葉の小窓1 敬語

タイムトライアル 8分

解答 p.6

1 尊敬語について答えなさい。

次の言葉を尊敬語に直しなさい。

① 言う　② 歌う　③ 出発する

④ 見る　⑤ （ここに）いる　⑥ 渡す

2 謙譲語について答えなさい。

次の言葉を謙譲語に直しなさい。

① 言う　② する　③ 報告する

④ 見る　⑤ （ここに）いる　⑥ 渡す

3 丁寧語について答えなさい。

次の言葉を「です」「ます」を使って丁寧語に直しなさい。

① 思う　② 広い

4 美化語について答えなさい。

次の――線が美化語なら○、そうでなければ×を書きなさい。

① お米を買いに行く。

② お元気そうで何よりです。

③ ご趣味《しゅみ》は何ですか。

④ 三時にお菓子《かし》を食べる。

5 次の――線の言葉について答えなさい。

尊敬語なら**ア**、謙譲語なら**イ**、美化語なら**ウ**と、記号で答えなさい。

① こちらに住所をお書きください。

② きれいなお花を摘んだ。

③ 私がご説明した内容で、わかっていただけましたか。

④ 明日のお天気が気になる。

⑤ とてもお忙しいようですね。

1						2						3		4				5				
①	②	③	④	⑤	⑥	①	②	③	④	⑤	⑥	①	②	①	②	③	④	①	②	③	④	⑤

ぴたトレ 1 要点チェック

夢を跳《と》ぶ

谷《たに》 真海《まみ》

解答 p.6

1 新しく習った漢字 読み仮名を書きなさい。

① 麻酔（　　）　② 怖い（　　）　③ 腫瘍（　　）　④ 歳月（　　）
⑤ 緊急（　　）　⑥ 無縁（　　）　⑦ 距離（　　）　⑧ 憧れる（　　）
⑨ 抗議（　　）　⑩ 治療（　　）　⑪ 戻る（　　）　⑫ 籠もる（　　）
⑬ 脱出（　　）　⑭ 施設（　　）　⑮ 義肢（　　）　⑯ 疾走（　　）
⑰ 刺激（　　）　⑱ 挑戦（　　）　⑲ 狙う（　　）　⑳ 福祉（　　）
㉑ 高齢者（　　）　㉒ 越える（　　）　㉓ 遭う（　　）　㉔ 被災（　　）

2 重要語句 正しい意味を下から選び、記号で答えなさい。

①（　　）試練　　ア 心をくばること。
②（　　）配慮　　イ 実力を厳しくためすこと。

3 筆者の体験 （　）にあてはまる言葉を書きなさい。

●闘病《とうびょう》生活…（①　　）歳で骨肉腫《しゅ》を発症し、右足を切断する。
●新たな挑戦《ちょうせん》…スポーツ（②　　）を着けて走ることを決意し、三大会連続で（③　　）に出場、日本・アジア記録を更新《こうしん》。
●現在の活動…小中学校での講演活動や、東京オリンピック・（③）の招致《しょうち》メンバーとして活躍。

得点UPポイント

筆者の体験と感想を読み分け、筆者の思いを捉える！

☑「夢を跳ぶ」は、さまざまな困難を乗り越《こ》えてきた筆者の体験と感想が書かれている文章である。
☑ 体験の内容と、それに対する筆者の感想を読み分け、筆者の思いを捉えよう。

左の文章では、筆者の大学時代の体験と感想が書かれているよ。

夢を跳《と》ぶ

タイムトライアル 8分

解答 p.6

1 読解問題　文章を読んで、問いに答えなさい。

教科書73ページ下12行〜74ページ下1行

ある日、義肢《ぎし》装具士のかたに誘われて陸上競技場に行き、スポーツ義足で走るランナーを初めて目にした。軽やかに疾走《しっそう》する姿に刺《し》激《げき》を受け、私も①走ってみることにした。まずは日常生活用の義足で走る練習をし、走れるくらいまで体が戻ってきたところでスポーツ義足を着けるようになった。スポーツ義足でバランスをとるのは難しく、最初は転んでばかりだった。痛みもひどかった。

それでも走れることがうれしくて練習を続けた。走り幅跳びの選手として競技会に出場するようになり、記録が少しずつ伸びていった。記録に挑戦《ちょうせん》することが楽しくて、次は日本記録を狙《ねら》いたい、そしてパラリンピックに出たいと、②夢がどんどん膨《ふく》らんでいった。

そして、ついに③夢は実現し、二〇〇四年アテネ、二〇〇八年北京《ペキン》、二〇一二年ロンドンと、三大会連続でパラリンピックへの出場を果たした。また、二〇一三年には、日本記録とアジア記録を更新《こうしん》することができた。

谷 真海「夢を跳ぶ」より

(1) ——線①「走ってみることにした」きっかけとして**あてはまらない**ものを次から一つ選び、記号で答えなさい。

ア　スポーツ義足ランナーの姿を初めて見たこと。
イ　義足ランナーの走る様子が軽やかだったこと。
ウ　スポーツ義足で疾走してみて刺激を感じたこと。

（　　）

ヒント　——線部より前のところを整理しよう。

(2) ——線②「夢がどんどん膨らんでいった」とありますが、そのとき「私」はどのようなことに喜びを感じていましたか。文章中から五字と九字で抜き出しなさい。

ヒント　喜びを表す言葉に着目しよう。

(3) ——線③「夢は実現し」とありますが、具体的にはどうすることができたのですか。次の文の□にあてはまる言葉を、文章中からAは七字、Bは四字で抜き出しなさい。

・A に出場を果たし、また、B とアジア記録を更新すること。

A

B

ヒント　——線部より後のところから探し出そう。

ぴたトレ 3 確認テスト

夢を跳《と》ぶ

時間20分

／100点

合格75点

解答 p.6

1 思考・判断・表現　文章を読んで、問いに答えなさい。

教科書74ページ下15行～76ページ下9行

①子どもたちに障がい者のためのスポーツを体験してもらったこともある。工夫しだいで一緒にスポーツができることを感じてもらえるとうれしい。「障がい者」とか「福祉《ふくし》」などと、おおげさに考えるのではなく、一緒に接することで何かを感じ取ってもらえればいい。

子どもたちには、私の心の支えになっている言葉を伝えている。

②「神様はその人に乗り越《こ》えられない試練は与えない。」

これは、病気の告知を受けて、「どうして私がこんなめに遭《あ》うのか。」と落ちこんでいた時に母が言った言葉だ。入院中もその後も、この言葉を思い出して「私ならきっと乗り越えられるから、この試練を与えられたんだ。」「これを乗り越えれば、きっと成長した自分に会えるんだ。」と思い、気持ちを前向きに切り替えてきた。③この言葉に何度も何度も救われたのだ。

二〇一一年三月十一日に、東日本大震災《しんさい》が起きた。私は宮城県気《け》仙沼《せんぬま》市の生まれで、実家は被災《ひさい》した。先ほどの母の言葉は、震災後に、私が多くの人に伝えてきた言葉でもあった。

振り返れば、足を失って希望をなくしていた私に、夢を与えてくれたのは走ることだった。「いつか④パラリンピックに出たい。」という思いが障がいを乗り越える力になった。そしてパラリンピックに出たことで、失ってしまったものよりも、目の前にあるものを大切

(1) ――線①「子どもたちに障がい者のためのスポーツを体験してもらったこともある」とありますが、この体験を通して筆者が子どもたちに望んでいることをまとめている二文を文章中から探し、初めの五字を抜き出しなさい。（句読点や記号を含む。） 10点

よく出る

(2) ――線②「神様はその人に乗り越えられない試練は与えない」とありますが、「私」はその言葉によってどのような思いをもつことができましたか。本文中の言葉を用いて答えなさい。 10点

(3) ――線③「この言葉」は筆者にとって何になりましたか。文章中から四字で抜き出しなさい。 10点

(4) ――線④「パラリンピック」によって筆者が学んだことを、文章中から三十六字で探し、初めと終わりの三字を抜き出しなさい。 10点

(5) ――線⑤「これからの社会」について、次の問いに答えなさい。

① 筆者はどのような社会を望んでいますか。文章中から十一字で抜き出しなさい。 10点

② ①のような社会を実現するためには、どのような意識をもつ必要がありますか。「～という意識。」に続くように、文章中から二十五字で抜き出し、初めと終わりの三字を答えなさい。 10点

考える

(6) 筆者は、これからどのように生きていこうと考えていますか。文章中の言葉を用いて答えなさい。 20点

にすべきであるということに気づいた。

私は、二〇二〇年の東京オリンピック・パラリンピック競技大会の招致《しょうち》メンバーとして活動し、開催地を決める最終プレゼンテーションの場でスピーチをした。これまでの私の人生、生き方、さまざまな人たちとの出会いの中から得られたことなどがつまった内容であった。

その後、結婚、出産を経て、年齢《ねんれい》が上がっても長く続けられるスポーツとして、パラトライアスロンに種目を変え、大会で優勝できるようにもなってきた。

その東京二〇二〇オリンピック・パラリンピック競技大会のあとに思うことは、⑤これからの社会に向けてのことだ。

通路の段差をなくすなど、設備や物など、ハード面でのバリアフリーを整備して残していくことは大事だ。しかし、それ以上に、ソフト面、心のバリアフリーを、このパラリンピックを機会に進めていきたい。これからは、特に障がい者に対してということでなく、お年寄りや、妊婦さんや、全ての人に配慮した社会であるべきだと思う。スポーツが一つの例となって、町でも学校でも会社でも、いろいろな人が交じり合い、一緒に社会をつくっていくのがあたりまえになるといいと思っている。

夢をもって、試練を乗り越えようとすることの大切さに気づかせてくれた、大切な人たちに感謝したい。私はこれからも夢を跳び続けていきたい。

谷 真海「夢を跳ぶ」より

2 ——線のカタカナを漢字で書きなさい。　各5点

① 画家にシンスイする。
② エンギのよい出来事。
③ センタクシの中から選ぶ。
④ 記録にチョウセンする。

1							2			
(1)	(2)	(3)	(4)	(5) ①	(5) ②	(6)	①	②	③	④
			〜		〜　という意識。					

ぴたトレ1 要点チェック

言葉の小窓2 話し言葉と書き言葉

解答 p.7

1 これまでに習った漢字　読み仮名を書きなさい。

① 頼む（　　）　② 誰か（　　）　③ 違う（　　）　④ 特徴（　　）
⑤ 充実（　　）　⑥ 豪雨（　　）　⑦ 影響（　　）　⑧ 範囲（　　）
⑨ 一斉（　　）　⑩ 詳しい（　　）

2 重要語句　正しい意味を下から選び、記号で答えなさい。

①（　　）待望　　**ア** 感情などを伝えるための体の動き。
②（　　）祝辞　　**イ** むずかしくないこと。
③（　　）容易　　**ウ** まちのぞむこと。
④（　　）身振り　**エ** 基本的な考えや傾向。
⑤（　　）基調　　**オ** 祝いの言葉。
⑥（　　）ぞんざい　**カ** いいかげんであるさま。

スタートアップ

話し言葉

● 音声によって伝えられる言葉。
・話し手と聞き手はお互いの表情や身振りが見える。
・話し手は聞き手の反応を確かめながら話すことができ、聞き手は質問することができるので理解が深まる。
・音声はその場で消えてしまうので、そこにいない人には基本的には伝えることができない。
・声の届く範囲にいる少人数の聞き手に対して使われる。

書き言葉

● 文字によって伝えられる言葉。
・書かれた物をその場にいない人に伝えることができる。
・多くの人に一斉に、記録や文書のようにその場にいない人やあとの時代の人に正確に伝えるときに使われる。
・ひとまとまりの内容を言葉だけで伝えるため、場合に応じて整った形になるように書き方を変える必要がある。
・書き手も読み手も、書き直したり読み返したりする時間的な余裕《よゆう》がある。

場面によって話し言葉と書き言葉を使い分けよう。

ぴたトレ
2
練習

言葉の小窓2　話し言葉と書き言葉

タイム トライアル 8分

解答 p.7

1 **話し言葉と書き言葉について答えなさい。**

次のそれぞれの説明が、話し言葉の説明ならア、書き言葉の説明ならイの記号で答えなさい。

① そこにいない人には伝えることができないことが多い。
② 聞き手の反応を確かめながら用件を進めることができる。
③ あとの時代の人に記録を正確に伝えることができる。
④ 表現の仕方や内容をじっくり考える時間的な余裕《よゆう》がある。
⑤ その場ですぐに質問したり答えたりすることできる。
⑥ 紙などに書かれて、書かれた物が残る。

2 **書き言葉について答えなさい。**

(1) 次の文から書き言葉のものを一つ選び、記号で答えなさい。

ア 来週までに読まなければならない本があるので、今日はこのまま帰宅して読書をします。
イ 来週まで読まなきゃいけない本があるんだ。だから、今日はこのまま家に帰って、読むよ。

(2) 次の文を、書き言葉に直しなさい。

① マジで話が合わない。
② ほめられて超うれしい。
③ 明後日の学級会ですけど、学級委員の決め方について話し合いたいって思うんだけど、それでいいですかね。
④ 友だちから先生に呼ばれてるって聞いたんで、たぶん怒られるなあと思った。
⑤ SNSは良いところもすごく多いけど、利用の仕方には気をつけなきゃなんない。

1		
①	②	③
④	⑤	⑥

2					
(1)	(2)				
	①	②	③	④	⑤

ぴたトレ 1
要点チェック

SNSから自由になるために

高橋《たかはし》 暁子《あきこ》

解答 p.8

1 これまでに習った漢字 読み仮名を書きなさい。

① 極端（　　）
② 比較（　　）
③ 恐怖（　　）
④ 炎上（　　）
⑤ 壊れる（　　）

2 重要語句 正しい意味を下から選び、記号で答えなさい。

(1)
①（　）文脈　ア 補って完全なものにすること。
②（　）感情的　イ 文のつながりぐあい。
③（　）表裏一体　ウ いやな気持ちになること。
④（　）不快　エ 理性を失って感情に走るさま。
⑤（　）補完　オ 相反する二つが一つになること。

(2)
①（　）コミュニケーション　ア それまでのことを無にする。
②（　）承認欲求　イ 他人から肯定されたい気持ち。
③（　）棒に振る　ウ 意志を伝達し合うこと。

3 文章構成 （　）にあてはまる言葉を入れなさい。

●本文の課題……SNSによる（①　　　）
●課題の理由……(1)言語や写真以外のコミュニケーションがない
(2)短文による感情的なやりとり
(3)一対多のコミュニケーション
●課題の解決方法……(1)（②　　　）の場であるという意識
(2)SNS内の行為《こうい》を気にしすぎないこと

得点UPポイント

本文の課題に対する筆者の考えを捉える！

☑「SNSから自由になるために」は、筆者が設定した課題に対する筆者の考えが述べられている文章である。
☑筆者が挙げている課題となっている理由や、解決方法を押さえ、筆者の考えを捉えよう。

左の文章は、筆者が挙げている課題となっている理由が書かれているよ。

SNSから自由になるために

解答 p.8

1 読解問題 文章を読んで、問いに答えなさい。

教科書84ページ上10行～85ページ上10行

SNS上でトラブルが起こりやすいのは、SNSが文章や写真を中心に行われるコミュニケーションツールだからである。

一般的《いっぱん》には言語による情報よりも、口調や話す速さ、見た目や表情、身振り手振りなど、言語以外で伝わる情報のほうが多いといわれている。例えば、「嫌い」と言われた場合、「嫌い」という言語情報よりも、相手の表情や口調などから、本当に嫌いなのか、それとも相手が好意の表れとして、あえてその言葉を口にしたのかを図るということだ。日常でも①声が聞こえない手紙では伝わりにくいと感じた経験はないだろうか。

さらに、SNSでは、極端に短い文や写真でコミュニケーションされる。そのため前後の文脈がわからず、チャットのようなスピードで時間をあけずにやりとりされるため、感情的にもなってしまう。②トラブルになりやすいのは当然といえるだろう。

SNSは電話やメールのように一対一ではなく、一対多でやりとりされる。伝えることが目的というよりも、つながること自体が目的となる。「人とつながりたい」という社会的欲求や、「他人に認められたい」という承認欲求を満たしてくれる。と同時に、他者と比較することで落ちこんだり、使い続けなければ仲間はずれにされたりする恐怖とも③表裏一体である。

高橋 暁子「SNSから自由になるために」より

(1) ――線①「声が聞こえない手紙では伝わりにくい」のはなぜですか。正しいものを次から一つ選び、記号で答えなさい。

ア 伝えなくてもいい気持ちまで文字だと伝わってしまうから。
イ 言語以外で伝わる情報の方が多いから。
ウ 文字の書き方によって、嫌なところも見えやすいから。

（　　）

ヒント ――線部の前の部分に着目しよう。

(2) ――線②「トラブルになりやすいのは当然」とありますが、それはなぜですか。次の文の□にあてはまる言葉を、Aは五字、Bは三字で文章中から抜き出してまとめなさい。

・[A]文などによるやりとりは[B]になりやすいから。

A □□□□□
B □□□

ヒント ――線部の前の部分に着目しよう。

(3) ――線③「表裏一体」とありますが、これはどういうことですか。正しいものを次から一つ選び、記号で答えなさい。

ア SNSでは前後の文脈がわからないこと。
イ SNSの良い点と悪い点は切り離《はな》せないこと。
ウ SNSと現実の間には差がほとんどないこと。

（　　）

ヒント 筆者の説明の内容を捉えよう。

ぴたトレ 1 要点チェック

漢字の広場2 漢字の成り立ち

解答 p.8

1 新しく習った漢字

読み仮名を書きなさい。

①（　）果汁
②（　）発汗
③（　）枠
④（　）凹凸
⑤（　）崩落
⑥（　）及第
⑦（　）竹串
⑧（　）岬
⑨（　）円弧
⑩（　）基礎
⑪（　）失踪
⑫（　）篤学
⑬（　）兼業
⑭（　）召集
⑮（　）勘定
⑯（　）隣人
⑰（　）傘
⑱（　）舶来品
⑲（　）胞子
⑳（　）砲丸

2 重要語句

正しい意味を下から選び、記号で答えなさい。

①（　）簡略　　**ア** 手軽で簡単なこと。
②（　）転ずる　　**イ** 時間をやりくりして他に使う。
③（　）時間を割《さ》く　　**ウ** 状態などが変わる。

スタートアップ

漢字の成り立ち

● 漢字は主として次の四種類の方法で作られている。

・象形文字……物の形を簡略化して表現した文字。
例 川・山

・指事文字……抽象《ちゅうしょう》的な事物を点や画を用いて表現した文字。
例 上・下

・会意文字……文字を二つ以上組み合わせて新しい意味を表した文字。
例 林・鳴

・形声文字……意味を表す部分と音を表す部分を組み合わせた文字。
例 洗・河

「洗」は「氵」が意味を表す部分、「先（セン）」が音を表す部分だよ。

タイムトライアル 6分

解答 p.8

1 漢字の成り立ちについて答えなさい。

(1) 次の説明にあてはまる言葉をあとから一つずつ選び、記号で答えなさい。

① 物の形を簡略化して表現した文字。
② 抽象《ちゅうしょう》的な事物を点や画を用いて表現した文字。
③ 文字を二つ以上組み合わせ、新しい意味を表した文字。
④ 意味を表す部分と音を表す部分を組み合わせて作られた文字。

ア 形声文字　**イ** 指事文字　**ウ** 象形文字　**エ** 会意文字

(2) 次の成り立ちの漢字をあとから一つずつ選び、記号で答えなさい。

① 象形文字
② 指事文字
③ 会意文字
④ 形声文字

ア 本　**イ** 犬　**ウ** 解　**エ** 洋

(3) 次の形声文字を、意味を表す部分と、音を表す部分に分けて答えなさい。

① 想　② 源　③ 判　④ 草

(4) 次の漢字の中から、国字の漢字をすべて選び、記号で答えなさい。

ア 峠　**イ** 段　**ウ** 刃　**エ** 込　**オ** 畑

1						
(1)	(2)	(3)				(4)
①	①	①	②	③	④	
		意味	意味	意味	意味	
②	②					
		音	音	音	音	
③	③					
④	④					

ぴたトレ 1

要点チェック

持続可能な未来を創るために――不平等のない社会を考える
「ここにいる」を言う意味

ロバート キャンベル

解答 p.8

1 これまでに習った漢字　読み仮名を書きなさい。

①黙々（　　）　②真剣（　　）　③覆う（　　）　④隠す（　　）

⑤希薄（　　）　⑥増幅（　　）　⑦購入（　　）　⑧陥る（　　）

2 重要語句　正しい意味を下から選び、記号で答えなさい。

(1)
①（　　）提供《ていきょう》　ア　はじめから。
②（　　）元来　イ　さし出すこと。
③（　　）主眼　ウ　大切なところ。
④（　　）切実　エ　心からであるさま。

(2)
①（　　）必ずしも　ア　なくなるようにする。
②（　　）口を挟《はさ》む　イ　ふさわしい価値がある。
③（　　）値する　ウ　全部がそうではないこと。
④（　　）そぐ　エ　人の話に割り込む。

3 具体例　（　）にあてはまる言葉を入れなさい。

●ある社会福祉団体
…（日本）助けを必要とする人とつながりにくい。

（アメリカ）人々が続々と集い、（①　　　　）の空間として盛り上がっている。

↓イジメを受けたり、親戚に迷惑をかけたりするかもしれないというストレスから、日本では当事者が声をあげにくい。

●LGBTの人々…性的少数者であることを言えない。
↓条例や（②　　　　）を待っていられない切実な問題もあり、展望が見えない。

●筆者の意見
↓貧困や性的少数者など、声をなかなか上げられない人々の、「（③　　　　）」を言うことの意味に思いを寄せる必要がある。

ぴたトレ 2

練習

「ここにいる」を言う意味

タイムトライアル 8分

解答 p.8

1 読解問題 文章を読んで、問いに答えなさい。

教科書100ページ上19行〜下16行

代表者に話を聞くと、送り先の一人ひとりはとても助かっていると言う。だが、団体名が入った車での配達や、個別訪問は困る事情があるらしく、物を送る際に差出人名を印刷した箱は使わないで、宅配便で配達してほしいという要望があるらしい。活動周知も、役所の窓口にチラシを置いてもらう他に術《すべ》はなく、①一対一で助けを必要とする人にはつながりにくいという現実があると言っておられた。

②アメリカでも、同じ名前の団体が、ほぼ同質の活動を展開している。しかし食糧《しょくりょう》をもらいに、毎週周囲に住む低所得者が続々と集い、交流の空間として盛り上がっている。明るく真剣に、互いの苦境に向き合っている。

③「ここにいるよ」、と声を上げる勇気。言うのは簡単だけれど、声を上げることで子供が受けるかもしれないイジメや、親戚に迷惑《めいわく》をかけるのではないかというストレスを想像すると、なかなか日本の当事者には求められないと現場では納得した。

ロバート キャンベル「『ここにいる』を言う意味」より

(1) ――線①「一対一で助けを必要とする人にはつながりにくい」のはなぜですか。直接的な理由を次から一つ選び、記号で答えなさい。

ア 役所の窓口にチラシを置くくらいしか活動周知の方法がないから。

イ 周囲の人々に迷惑をかけるかもしれず、利用に前向きではないから。

ウ 配達されたものが盗まれやすくなっているから。

（　　）

ヒント 直前に書かれている内容をおさえよう。

(2) ――線②「アメリカ」の同じ名前の団体の活動は、どのような状況ですか。次から一つ選び、記号で答えなさい。

ア 周りに迷惑をかけないために、利用されていない。

イ 活動内容の改善を求め、声を上げている人が多い。

ウ 多くの人が積極的に交流の場として利用している。

（　　）

ヒント アメリカと日本の違いを捉えよう。

(3) ――線③「ここにいるよ」とありますが、この場合どうすることですか。次から一つ選び、記号で答えなさい。

ア 社会制度の改善のために、声を上げて呼びかけること。

イ 困っていることを伝え、助けや援助を求めること。

ウ 自らの状況を自覚し、強い気持ちを持ち続けること。

（　　）

ヒント 具体例に当てはめて考えよう。

ぴたトレ 1 要点チェック

紙の建築

坂《ばん》 茂《しげる》

解答 p.9

1 新しく習った漢字　読み仮名を書きなさい。

① 耐える（　　）
② 阪神（　　）
③ 伐採（　　）
④ 避難（　　）
⑤ 迅速（　　）
⑥ 指摘（　　）

2 重要語句　正しい意味を下から選び、記号で答えなさい。

(1)
①（　　）悲惨《ひさん》
②（　　）甚大
③（　　）簡素
④（　　）居心地
⑤（　　）信念

ア 信じて疑わない心。
イ ある場所にいるときの気持ち。
ウ いたましいこと。
エ むだがなく質素なこと。
オ はなはだしいこと。

(2)
①（　　）……に見舞われる
②（　　）余儀《よぎ》なく
③（　　）……かいがある

ア それ以外に方法がない。
イ 災難などにおそわれる。
ウ 行動の結果として現れる効果がある。

3 具体的な事例　（　）にあてはまる言葉を入れなさい。

●筆者が紙で造ったものの具体例

①ルワンダの難民キャンプ…紙の難民用（①　　　　）を開発。

②阪神《はんしん》・淡路大震災…仮設住宅と（②　　　　）を建設。

③東日本大震災
熊本地震
…避難《ひなん》所に紙管《しかん》の（③　　　　）を提供。

得点UPポイント

事例と筆者の主張を区別して捉える！

☑「紙の建築」は、筆者の主張とそれを説明する事例によって組み立てられた説明的文章である。

☑文章構成や、段落ごとの内容に着目して、事例と筆者の主張を区別して、説明の意図を捉えよう。

左の文章は、事例と筆者の主張に分けることができるよ。

紙の建築

タイムトライアル
8分

解答 p.9

1 読解問題　文章を読んで、問いに答えなさい。

教科書106ページ6行～107ページ9行

①建築に紙を使ったのは、物を捨てるのが「もったいない」と考えたからです。一九八六年に、アルヴァ＝アアルトというフィンランドの建築家の展覧会を日本で開催した時のことです。私は会場を作ることになりました。アアルトは、木をふんだんに使う建築家です。しかし、大量の木を使う予算がないことと、展示後に捨てるのがもったいないことから、安くて、リサイクルが可能な材料を探しました。その時、私の事務所にあった、布を巻いてあった紙管《しかん》を見て、木の代わりに使えると考えたのです。②会場の天井《てんじょう》、壁《かべ》、展示台に紙管を使ってみると、思った以上に強度がありました。

　紙は、一枚のままでは弱いのですが、重ねると強くなります。また、牛乳パックや壁紙に使えるように、防水や難燃化ができます。紙管は、紙を巻いて作るので形は自由にできませんが、強度が出せ、筒の径も長さも自由に作れます。同じ長さや太さの木材に比べると軽く、安価で、組み立てが簡単です。そして、役目を果たしたあとはリサイクルが容易で、環境への負荷が抑えられます。また、紙管の工場は日本中、世界中のどこにでもあるので、短期間で手に入れられる利点もあります。

坂 茂「紙の建築」より

(1) ――線①「建築に紙を使った」きっかけとなった事例についてまとめた次の文の□にあてはまる言葉を、Aは九字、Bは二字で文章中から抜き出しなさい。（記号も含む。）

・A という建築家の展覧会で、B を使って会場づくりをしたこと。

A

B

ヒント　事例が書かれている部分を見つけよう。

(2) ――線②「会場の天井、壁、展示台に紙管を使ってみる」ことにしたのは、「紙管」がどんな材料だったからですか。正しいものを次から一つ選び、記号で答えなさい。

ア　木を使うよりも長持ちする材料だったから。
イ　人々にとって居心地がいい材料だったから。
ウ　安くて、リサイクルできる材料だったから。
エ　アアルトがよく使っている材料だったから。

（　　）

ヒント　「材料」という語に着目しよう。

(3) 紙を建築に使うことで得られる利点として正しくない点を次から一つ選び、記号で答えなさい。

ア　軽く、安価で、組み立てが簡単な点。
イ　強度があり、形を変えやすい点。
ウ　防水や難燃化ができる点。

（　　）

ヒント　第二段落の内容を整理しよう。

ぴたトレ 3 確認テスト

紙の建築

時間20分　／100点　合格75点

解答 p.9

1 思考・判断・表現　文章を読んで、問いに答えなさい。

教科書109ページ18行〜112ページ3行

　二〇一一年三月、東日本大震災が起きました。多くの被災者が、体育館のような①仕切りのない場所での避難《ひなん》生活を余儀《よぎ》なくされました。そこではプライバシーがなく、心身ともにまいってしまいます。私は間仕切りを車に積んで、学生ボランティアとともに避難所を回りました。しかし、自治体の担当者に提案してもなかなか理解してもらえず、八十か所ある避難所のうち、最初に回った三十か所で断られ続けました。

　ようやく受け入れてもらえたのは、岩手県の高校の体育館です。避難所を管理していた高校の物理の先生が、すぐやろうと言ってくれました。

　この活動が報道されたことで受け入れが進み、約五十か所の避難所に提供できました。

　②課題もありました。東日本大震災では、避難所を訪ね歩き、管理者を説得するのにあまりにも時間がかかってしまいました。そこで、平常時にいろいろな自治体の防災の日にデモンストレーションを行い、理解を得られるようにしたのです。そのかいがあって、いくつかの自治体と私の携わるボラン

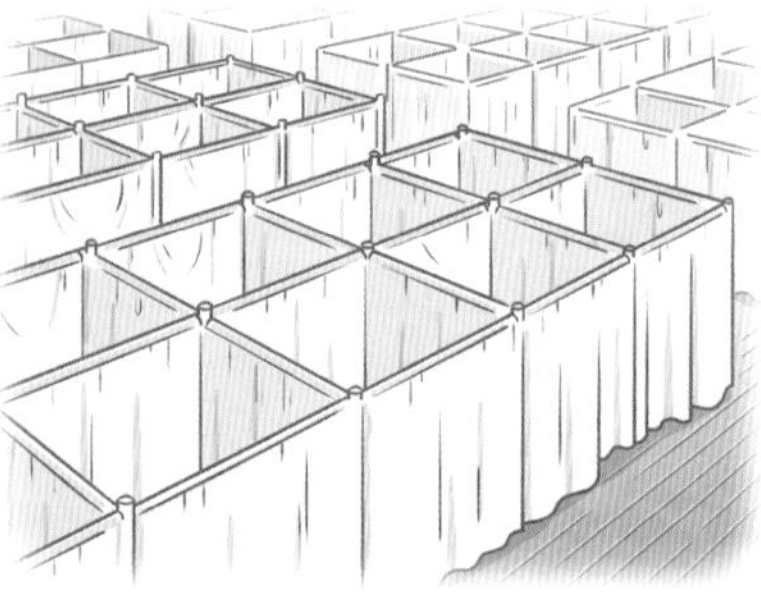

(1) ――線①「仕切りのない場所での避難生活」では、被災者はどのような状態に陥ってしまいますか。文章中の言葉を用いて書きなさい。　15点

よく出る
(2) ――線②「課題」とはどのようなことですか。簡潔に答えなさい。　15点

(3) ――線③「防災協定」を結ぶための筆者の行動を説明した次の文の□にあてはまる言葉をaは四字、bは十字で文章中から抜き出しなさい。　各5点

・[a]を受け入れてもらうため、防災の日に[b]をした。

(4) ――線④「熊本地震」での避難者はどのような危険性を抱えていましたか。「〜の危険性。」に続くように文章中から十一字で抜き出しなさい。　10点

(5) ――線⑤「人為的な災害」とありますが、筆者はなぜ「人為的」と考えているのですか。次から一つ選び、記号で答えなさい。　10点

ア 人が作った建物が崩れることで被害を受けるから。
イ 災害が起きると、人が混乱して事故が起きるから。
ウ 人が環境を破壊したことで自然災害が起きるから。

考える
(6) ――線⑥「その信念」とありますが、どのような「信念」ですか。最終段落の内容を踏まえて答えなさい。　20点

タリー・アーキテクツ・ネットワーク（VAN《ヴィーエーエヌ》）が③防災協定を結び、迅速《じんそく》に提供できるようになりました。公式な避難所の設備として、もし災害があって必要になったら、役所がVANに発注し、材料費は役所が出し、施工は私たちがするという協定です。

二〇一六年四月に④熊本地震が起きました。余震で建物が倒壊するのを恐れて、避難所や車の中で泊まる避難者のエコノミークラス症候群の危険性が指摘《してき》されていました。すでに大分県と防災協定を結んでいたことから、大分県からの支援《しえん》ということで熊本県内の避難所に間仕切りを提供することが決まりました。行政の協力が得られたので普及が非常に早く、一か月半で三十七か所に設置することができました。

私は、常々、建築家はどうしたら社会に貢献《こうけん》できるかと考えてきました。地震では、人が直接的に被害をこうむるわけでなく、建物が崩れたために、けがをしたり、亡くなったりしています。それは自然災害ではなく、⑤人為《じんい》的な災害です。街の復興のためのプロジェクトでは建築家が必要とされますが、その前に、避難所や仮設住宅という生活環境の悪いところを改善することも、建築家のすべき仕事だと考えます。

大きな建物を設計するのも、仮設住宅を設計するのも、避難所用の間仕切りを作るのも、使う人から居心地がいいと喜んでもらえれば、どれも私にとって同じくらいの喜びがあります。住環境を改善するのが建築家としての⑥使命と考え、その信念のもとに活動を続けています。

坂 茂「紙の建築」より

2 ――線のカタカナを漢字で書きなさい。 各5点

① 暑さにタえる。
② 人目をサける。
③ 獅子《しし》フンジンの活躍。
④ 花をツむ。

1 (1)	1 (2)	1 (3) a	1 (3) b	1 (4)	1 (5)	1 (6)	2 ①	2 ③	2 ②	2 ④

ぴたトレ 1

要点チェック

文法の小窓2 活用のある自立語

(漢字の練習2)

1 新しく習った漢字 読み仮名を書きなさい。

① 傲慢（　　）
② 公債（　　）
③ 仙人（　　）
④ 僧侶（　　）
⑤ 但し（　　）
⑥ 偵察（　　）
⑦ 併せる（　　）
⑧ 倫理（　　）
⑨ 婚姻（　　）
⑩ 嫉妬（　　）
⑪ 如才（　　）
⑫ 令嬢（　　）
⑬ 嫁ぐ（　　）
⑭ 監督（　　）
⑮ 名簿（　　）
⑯ 完璧（　　）
⑰ 稽古（　　）
⑱ 返却（　　）
⑲ 宣誓（　　）
⑳ 完了（　　）

2 重要語句 正しい意味を下から選び、記号で答えなさい。

①（　　）的確　　**ア** そのままでいること。
②（　　）持ち味　　**イ** そのものがもつ独特の味わい。
③（　　）とどまる　　**ウ** まちがいのないこと。

スタートアップ

動詞

● 動作・作用・存在などを表す用言。ウ段で言い切る。

語例	語幹	未然形	連用形	終止形	連体形	仮定形	命令形
読む	よ	―ま・も	―み	―む	―む	―め	―め
集める	あつ	―め	―め	―める	―める	―めれ	―めろ
主な用法		ナイ・ウ・ヨウが続く。	マス・テ・タが続く。	言い切る。	コト・トキが続く。	バが続く。	命令で言い切る。

形容詞

● 性質・状態・感情などを表す用言。「い」で言い切る。命令形はない。連用形には「た」「なる」などが続く。

語例	語幹	未然形	連用形	終止形	連体形	仮定形	命令形
美しい	うつくし	―かろ	―かっ ―く・う	―い	―い	―けれ	○

形容動詞

● 性質・状態・感情などを表す用言。「だ」「です」で言い切る。命令形はない。

語例	語幹	未然形	連用形	終止形	連体形	仮定形	命令形
きれいだ	きれい	―だろ	―だっ ―で・に	―だ	―な	―なら	○
きれいです	きれい	―でしょ	―でし	―です	―(です)	○	○

解答 p.10

ぴたトレ
2
練習

文法の小窓2　活用のある自立語
（漢字の練習2）

タイムトライアル
8分

解答 p.10

1 **動詞について答えなさい。**

次の――線の動詞のA活用形と、B活用の種類をあとから一つずつ選び、記号で答えなさい。

① 話したいことがある。
② 旅行するときはパンフレットを読む。
③ 早く寝ればよかった。
④ 指定した時間に来い。
⑤ こんな服は着ない。

A　**ア** 未然形　**イ** 連用形　**ウ** 終止形
　　エ 連体形　**オ** 仮定形　**カ** 命令形

B　**ア** 五段活用　**イ** 上一段活用　**ウ** 下一段活用
　　エ カ行変格活用　**オ** サ行変格活用

2 **形容詞について答えなさい。**

「楽しい」という形容詞を、次の（　　）にあてはまるように活用させた形を書きなさい。

① とても楽し（　　）た。
② なんだか楽し（　　）なる。
③ きっと楽し（　　）ことがある。
④ 明日の遠足が楽し（　　）ばいい。
⑤ 楽し（　　）うと楽しくなかろうと関係ない。

3 **形容詞・形容動詞について答えなさい。**

次の――線が形容詞なら**ア**、形容動詞なら**イ**の記号で答えなさい。

① 友達は元気だろう。
② もう少し静かにしてほしい。
③ 練習がつらくても最後までがんばろう。
④ 寒ければ毛布をかけなさい。
⑤ 体調は大丈夫ですか。

1		
① A	③ A	⑤ A
B	B	B
② A	④ A	
B	B	

2	
①	④
②	⑤
③	

3	
①	④
②	⑤
③	

ぴたトレ 1
要点チェック

敦盛《あつもり》の最期《さいご》 ――平家《へいけ》物語――

解答 p.10

1 新しく習った漢字　読み仮名を書きなさい。

① 没落（　　）
② 鐘（　　）
③ 双方（　　）
④ 衰退（　　）
⑤ 滅ぶ（　　）
⑥ 陣地（　　）
⑦ 化粧（　　）
⑧ 敵討ち（　　）
⑨ 騎馬（　　）
⑩ 錦（　　）
⑪ 発心（　　）

2 重要事項　次の問いに答えなさい。

(1) 正しい意味を下から選び、記号で答えなさい。

① （　　）ひとへに　　ア かわいそうだ
② （　　）いとほし　　イ まったく

(2) ――線の言葉を現代仮名遣《づか》いに直しなさい。

① よはひ →（　　）
② なんぢ →（　　）
③ 勝つべきやうもなし →（　　）
④ 助けまゐらせん →（　　）

スタートアップ

歴史的仮名遣《づか》い

古典の文章で使われている仮名遣い。

① 語中・語尾の「は」「ひ」「ふ」「へ」「ほ」
　→「ワ」「イ」「ウ」「エ」「オ」
例 あはれ→アワレ　言ふ→イウ　など

② 次のような「む」「なむ」→「ン」「ナン」
例 戦はむ→タタカワン　かむなづき→カンナヅキ

③ 次のような母音の連続は伸ばす音にする
「ア段」＋「う・ふ」→「オ段」の長音 (au → ô)
「イ段」＋「う・ふ」→「ユウ・〇ュウ」(iu → yû)
「エ段」＋「う・ふ」→「〇ョウ」(eu → yô)
例 まうす→モウス　てふてふ→チョウチョウ　など

④「ゐ」「ゑ」「を」→「イ」「エ」「オ」
例 ゐなか→イナカ　こゑ→コエ　をとこ→オトコ

⑤「ぢ」「づ」→「ジ」「ズ」
例 はぢ→ハジ　はづかし→ハズカシ

⑥「くわ」「ぐわ」→「カ」「ガ」
例 くわかく→カカク　ぐわんじつ→ガンジツ

敦盛《あつもり》の最期《さいご》 ——平家《へいけ》物語——

タイムトライアル 8分

解答 p.10

1 読解問題 文章を読んで、問いに答えなさい。 教科書124ページ11行〜125ページ12行

ⓐ汀《みぎは(ワ)》にうち上がらんとするところに、おし並べてむずと組んでどうど落ち、ⓑとつ《(ツ)》て押さへ《(エ)》て首をかかんと甲《かぶと》をおしあふ《(オウ)》のけて見ければ、年十六七ばかりなるが、薄化粧《うすげしやう(ショウ)》して、かねぐろなり。わが子の小次郎《こじらう(ロウ)》がよはひ《(ワ)(イ)》ほどにて、容顔まことに美麗なりければ、①いづ《(ズ)》くに刀を立つべしともおぼえず。

「そもそもいかなる人にてましまし候《さうら(ソウロウ)》ふぞ。名のらせたまへ。助けまゐ《(イ)》らせん。」

とⓒ申せば、

「なんぢ《(ジ)》は誰《た》そ。」

とⓓ問ひ《(イ)》たまふ《(モウ)》。

「物その者で候《(ソウラワ)》はねども、武蔵《むさし》の国の住人、熊谷次郎直実《くまがへ(エ)のじらう(ロウ)なほ(オ)ざね》。」

と名のり申す。

「さては、なんぢ《(ジ)》にあう《(オウ)》ては名のるまじいぞ。なんぢ《(ジ)》がためにはよい敵《かたき》ぞ。名のらずとも首をとつ《(ツ)》て人に問へ《(エ)》。見知らう《(ロウ)》ずるぞ。」

とぞ②のたまひ《(イ)》ける。

「敦盛の最期——平家物語——」より

(1) 〰〰線ⓐ〜ⓓは、次のどちらが行った動作ですか。一つずつ選び、記号で答えなさい。

ア 熊谷次郎直実　イ 年十六七ばかりなる(若武者)

ⓐ(　　)ⓑ(　　)ⓒ(　　)ⓓ(　　)

ヒント 省略されている動作主を読み取ろう。

(2) ——線①「いづくに刀を立つべしともおぼえず」とありますが、直実がこのように思ったのはなぜですか。次の文の□にあてはまる言葉を古文中からそれぞれ抜き出しなさい。

・わが子と同じくらいの[A]で、美しい[B]をしていたから。

A(　　)B(　　)

ヒント 気持ちの変化のきっかけとなった部分を見つけよう。

(3) ——線②「のたまひける」の現代語訳を次から一つ選び、記号で答えなさい。

ア 申しあげた　イ おっしゃった
ウ 言いました　エ 言った

(　　)

ヒント 「のたまふ」の意味をおさえよう。

ぴたトレ 3
確認テスト

敦盛《あつもり》の最期《さいご》 ――平家《へいけ》物語――

時間20分
／100点
合格75点

解答 p.10

1 思考・判断・表現　文章を読んで、問いに答えなさい。

教科書126ページ1行〜129ページ4行

熊谷《くまがへ(エ)》、「あつ《(ツ)》ぱれ、大将軍や。この人一人《いちにん》討《う》ちたてまつ《(ツ)》たりとも、負くべきいくさに勝つべきやう《(ヨウ)》もなし。また討ちたてまつらずとも、勝つべきいくさに負くることもよもあらじ。小次郎《こじらう(ロウ)》が薄手《うすで》負うたるをだに、直実《なほ(オ)ざね》は ⓐ心苦しうこそ思ふ《(ウ)》に、この殿《との》の父、討たれぬと聞いて、いかばかりか嘆《なげ》きたまは《(ワ)》んずらん。①あは《(ワ)》れ助けたてまつらばや。」と思ひ《(イ)》て、後ろをきつ《(ツ)》と見ければ、土肥《とひ(イ)》、梶原《かぢ(ジ)は(ワ)ら》五十騎《き》ばかりで続いたり。熊谷涙《なみだ》をおさへ《(エ)》て申しけるは、「助けまゐ《(イ)》らせんとは存じ候へ《さうら(ソウラ)ヘ》ども、②味方の軍兵《ぐんびやう(ピョウ)》、雲霞《うんか》のごとく候《(ソウロウ)》ふ。よも逃れさせたまは《(ワ)》じ。人手にかけまゐ《(イ)》らせんより、同じくは、直実が手にかけまゐ《(イ)》らせて、後《のち》の御孝養《おんけうやう(キョウヨウ)》をこそつかま

よく出る

(1) 〰〰線ⓐ「心苦しう」、ⓑ「いづくに」を現代仮名遣《づか》いに直し、全て平仮名で書きなさい。　各5点

(2) ――線①「あはれ助けたてまつらばや」とありますが、この時の直実の気持ちとしてあてはまらないものを次から一つ選び、記号で答えなさい。　10点

ア 若武者一人を討っても討たなくても勝敗には関係ないだろう。
イ この若武者の父親がどれだけ嘆《なげ》き悲しむだろう。
ウ あまり手柄になりそうもないから討たないでおこう。

(3) ――線②「味方の軍兵、雲霞のごとく候ふ」とありますが、具体的にはどのような状況ですか。古文中から十六字で探し、初めの五字を抜き出しなさい。（読点も含む。）　10点

(4) ――線③「泣く泣く首をぞかいてんげる」について、若武者の命を助けることができないと悟った直実は、どのようなことを若武者に誓っていますか。古文中から抜き出しなさい。　15点

(5) ――線④「笛」とありますが、これを見た直実は、どのような気持ちになりましたか。次から一つ選び、記号で答えなさい。　10点

ア 身分の高い人はやはり優雅なことだ。
イ 戦いに行くにはふさわしくないことだ。
ウ 味方にも笛を持ってきてもらいたいことだ。

考える

(6) ――線⑤「それより……すすみけれ」について、直実がこのように思った理由を書きなさい。　25点

つり候《(ソウラウ)》はめ。」

と申しければ、

「ただとくとく首をとれ。」

とぞのたまひ《(イ)》ける。

熊谷あまりにいとほ《(オ)》しくて、ⓑいづくに刀を立つべしともおぼえず、目もくれ心も消えはてて、前後不覚におぼえけれども、さてしもあるべきことならねば、③泣く泣く首をぞかいてんげる。

「あは《(ワ)》れ、弓矢とる身ほど口《くち》惜《を(オ)》しかりけるものはなし。武芸の家に生まれずは、何とてかかる憂《う》きめをばみるべき。情けなう《(ノウ)》も討ちたてまつるものかな。」

とかきくどき、袖を顔に押しあててさめざめとぞ泣きゐ《(イ)》たる。やや久しう《(シュウ)》あつ《(ツ)》て、さてもあるべきならねば、鎧直垂《よろひ(イ)びたたれ》をとつ《(ツ)》て、首を包まんとしけるに、錦《にしき》の袋に入れたる④笛をぞ、腰にさされたる。

「あないとほ《(オ)》し、この暁《あかつき》、城《じやう(ジョウ)》の内にて管弦《くわん(カン)げん》したまひ《(イ)》つるは、この人々にておは《(ワ)》しけり。当時味方に、東国の勢何万騎《ぎ》かあるらめども、いくさの陣《ぢん(ジン)》へ笛持つ人はよもあらじ。上臈《じやうらふ(ジョウロウ)》は、なほ《(オ)》もやさしかりけり。」

とて、九郎御曹司《くらう(ロウ)おんざう(ゾウ)し》の見参《けんざん》に入れたりければ、これを見る人、涙を流さずといふ《(ウ)》ことなし。

後《のち》に聞けば、修理大夫経盛《しゆ(シュ)りのだいぶつねもり》の子息に大夫《たいふ》敦盛とて、生年《しやう(ショウ)ねん》十七にぞなられける。⑤それよりしてこそ熊谷が発心《ほつ(ッ)しん》の思ひ《(イ)》はすすみけれ。

「敦盛の最期——平家物語——」より

2 ——線のカタカナを漢字で書きなさい。 各5点

① ニチボツを迎える。

② カネの音がきこえる。

③ ソウガンキョウを使う。

④ 権力がスイタイする。

1						2	
(1)	(2)	(3)	(4)	(5)	(6)	①	③
ⓐ							
ⓑ						②	④

ぴたトレ 1 要点チェック

随筆《ずいひつ》の味わい——枕草子《まくらのそうし》・徒然草《つれづれぐさ》——

解答 p.11

1 新しく習った漢字　読み仮名を書きなさい。

①（　　）随筆　②（　　）枕　③（　　）蛍　④（　　）飛び交う

⑤（　　）霜　⑥（　　）侍女　⑦（　　）尼　⑧（　　）鎌倉

⑨（　　）厳か

2 重要語句　正しい意味を下から選び、記号で答えなさい。

(1)
①（　　）やうやう　ア　そうでなくても
②（　　）さらなり　イ　だんだんと
③（　　）いと　ウ　いうまでもない
④（　　）さらでも　エ　たいそう

(2)
①（　　）心憂《う》し　ア　残念に思う。
②（　　）年ごろ　イ　長年

スタートアップ

係り結び

係りの助詞と文末の結びつきのこと。

●係りの助詞の種類と意味

・「ぞ・なむ・こそ」……前の語を強調する。

例　尊く[こそ]おはし[けれ]。
（こそ：係りの助詞）→本来「けり」で終わるべきところが、「けれ」となっている。
→「尊い」を強調している。

・「や・か」……疑問などを表す。

例　なにごと[か]あり[けん]。
（か：係りの助詞）→上の動詞「か」に呼応して「けん」で終わっている
→疑問の意味が加わって、「なにごとがあったのだろうか」という意味になる。

係りの助詞を覚えて、意味や文末の変化を理解しよう。

随筆《ずいひつ》の味わい——枕草子《まくらのそうし》・徒然草《つれづれぐさ》——

タイムトライアル 8分

解答 p.11

1 読解問題　文章を読んで、問いに答えなさい。

教科書132ページ10行〜133ページ14行

春はあけぼの。やうやう《（ヨウヨウ）》白くなりゆく山ぎは《（ワ）》、すこしあかりて、紫だちたる雲の細くたなびきたる。

夏は夜。月の頃はさらなり、闇もなほ《（オ）》、蛍《ほたる》の多く飛びちがひ《（イ）》たる。また、ただ一つ二つなど、①ほのかにうち光りて行くもをかし《（オ）》。雨など降るもをかし《（オ）》。

秋は夕暮れ。夕日のさして山の端《は》いと近《ちか》う《（コウ）》なりたるに、烏《からす》の寝どころへ行くとて、三つ四つ、二つ三つなど飛び急ぐさへ《（エ）》あはれ《（ワ）》なり。まいて雁《かり》などのつらねたるが、いと小さく見ゆるは、いとをかし《（オ）》。日入りはてて、風の音《おと》、虫の音《ね》など、②はたいふ《（ウ）》べきにあらず。

冬はつとめて。雪の降りたるはいふ《（ウ）》べきにもあらず、霜《しも》のいと白きも、またさらでもいと寒きに、火など急ぎおこして、炭持て渡るも、いとつきづきし。昼になりて、ぬるく③ゆるびもていけば、火桶《ひをけ》《（オ）》の火も、白き灰がちになりてわろし。

（第一段）

清少納言「枕草子」より

(1) ——線①「ほのかにうち光りて行く」の主語を次から一つ選び、記号で答えなさい。

ア 月　**イ** 闇　**ウ** 雨　**エ** 蛍

ヒント　前の行に着目しよう。

（　　）

(2) ——線②「はたいふべきにあらず」の意味として適切なものを次から一つ選び、記号で答えなさい。

ア 決して言ってはいけない。
イ 言わないほうがよい。
ウ また言うまでもない。
エ 果たして言えばよいのか。

ヒント　どんな意味が含まれているか考えよう。

（　　）

(3) ——線③「ゆるびもていけば」は「ゆるんでくると」という意味ですが、何がゆるんでくるのですか。一語で抜き出しなさい。

ヒント　時間の流れを考えよう。

（　　）

ぴたトレ 3 確認テスト

随筆《ずいひつ》の味わい——枕草子《まくらのそうし》・徒然草《つれづれぐさ》——

時間20分

／100点

合格75点

解答 p.11

1 思考・判断・表現 文章を読んで、問いに答えなさい。

教科書134ページ1行〜134ページ5行

うつくしきもの。瓜《うり》に描《か》きたるちごの顔。(a:の) 雀《すずめ》の子の、(b:の) ねず鳴きするに踊り来る。二つ三つばかりなるちごの、急ぎて這《は》ひ《(イ)》来る道に、いと小さき塵《ちり》の(c:の)ありけるを、目ざとに①見つけて、いとを《(オ)》かしげなる指《および》にとらへ《(エ)》て、大人《おとな》ごとに見せたる、いとうつくし。頭《かしら》は尼《あま》そぎなるちごの、目に髪《かみ》の②おほへるをかきは《(ワ)》やらで、うち傾《かたぶ》きて物など見たるも、うつくし。

（第一四五段）

清少納言「枕草子」より

(1) 〰〰線a〜cの「の」の中で、意味やはたらきが他と異なるものを一つ選び、記号で答えなさい。 5点

(2) ——線①「見つけて」の動作の主体を古文中から抜き出しなさい。 5点

(3) ——線②「おほへる」を現代仮名遣《づか》いに直し、全て平仮名で書きなさい。 5点

(4) 「うつくしきもの」について、次の問いに答えなさい。

よく出る

① この文章では「うつくしきもの」は、具体的にいくつあげられていますか。漢数字で答えなさい。 10点

② 「うつくしきもの」の意味として適切なものを次から一つ選び、記号で答えなさい。 5点

ア 美しいもの。

イ 興味深いもの。

ウ かわいらしいもの。

エ 面白いもの。

③ 「うつくしきもの」に共通する性質は何ですか。簡潔に答えなさい。 10点

2 思考・判断・表現 文章を読んで、問いに答えなさい。

教科書136ページ1行〜136ページ11行

仁和《にんな》寺にある法師、年寄るまで石清水《いは(ワ)しみづ(ズ)》を拝まざりければ、心憂《う》く覚えて、ある時思ひ《(イ)》立ちて、ただ一人①かちより詣《まう(モウ)》でけり。極楽寺《ごくらくじ》・高良《かう(コウ)ら》などを拝みて、かばかりと心得て帰りにけり。

さて、かたへ《(エ)》の人にあひ《(イ)》て、②「年ごろ思ひ《(イ)》つること、果たしはべりぬ。聞きしにも過ぎて、尊くこそおは《(ワ)》しけれ。そも、参りたる人ごとに山へ登りしは、なにごとかありけん、③ゆかしかりしかど、④神へ参る

こそ本意《ほい》なれと思ひ(イ)て、山までは見ず。」
とぞ言ひ(イ)ける。
少しのことにも、先達《せんだち》はあらまほしきことなり。（第五二段）

兼好法師「徒然草」より

(1) ——線①「かち」の意味を漢字二字で答えなさい。 5点

よく出る
(2) ——線②「年ごろ思ひつること」とありますが、これは「長年思っていたこと」という意味ですが、思っていたこととはどのようなことですか。簡潔に答えなさい。 10点

(3) ——線③「ゆかしかりしかど」の意味として適切なものを次から一つ選び、記号で答えなさい。 5点

ア 知りたかったのですが
イ 登りたかったのですが
ウ 行きたかったのですが
エ 参りたかったのですが

(4) ——線④「神へ参るこそ本意なれ」から係りの助詞を抜き出しなさい。 5点

(5) 筆者の感想が表れている一文を古文中から探し、そのまま抜き出しなさい。 5点

考える
(6) 筆者が(5)のような感想を抱いたのは、法師のどのような行動に対してですか。簡潔に答えなさい。 10点

3 ——線のカタカナを漢字で書きなさい。 各5点

① たくさんのホタルを見る。 ② 朝にシモが降りる。
③ サムライにあこがれる。 ④ カマクラ時代の出来事。

1					2						3	
(1)	(2)	(3)	(4) ①	(4) ② / ③	(1)	(2)	(3)	(4)	(5)	(6)	①	②
											③	④

ぴたトレ 1

要点チェック

二千五百年前からのメッセージ──孔子《こうし》の言葉──

（漢字の練習3）

1 新しく習った漢字 読み仮名を書きなさい。

①僅差（　　）　②模倣（　　）　③皮膚（　　）　④雪辱（　　）
⑤肘（　　）　⑥御殿（　　）　⑦瓦（　　）　⑧氾濫（　　）
⑨藩政（　　）　⑩鍋蓋（　　）　⑪大気圏（　　）　⑫享受（　　）
⑬顕著（　　）　⑭箇所（　　）　⑮頻度（　　）　⑯遮蔽（　　）
⑰残骸（　　）　⑱均衡（　　）　⑲気孔（　　）　⑳一般（　　）

2 重要語句 正しい意味を下から選び、記号で答えなさい。

①（　　）学んだことを習ふ。
②（　　）天に慍《いか》る。
③（　　）君子《くんし》たる人物。

ア 腹を立てる
イ 立派な人物
ウ 復習する

スタートアップ

白文
漢字だけの文章。

訓読
漢文を日本語の体系に合わせて読むこと。

返り点
漢文を日本語の語順で読むときの順序を示す符号。

書き下し文
白文を、返り点と送り仮名に従って漢字仮名交じりの昔の日本語に書き改めた文章。

置き字
「而」「於」のような訓読するときに読まない字。

例 学《ビテ》㊀而㊁時《ニ》習《フ》レ之《ヲ》

例 勿《カレ》レ施《スコト》二於人《ニ》一

漢文の基本的な決まりを覚えて、訓読できるようにしよう。

解答 p.13

二千五百年前からのメッセージ——孔子《こうし》の言葉——

（漢字の練習3）

タイムトライアル 8分

解答 p.13

1 読解問題 文章を読んで、問いに答えなさい。

教科書142ページ7行～143ページ7行

子曰《い(わ)》はく、「学びて時に之《これ》を習ふ《(う)》、亦説《またよろこ》ばしからずや。朋《とも》有《あ》り遠方より来《き》たる、亦楽しからずや。人知らずして慍《いか》らず、亦君子《くんし》ならずや。」と。

子曰ハク、「学ビテ而時ニ習フレ之ヲ、不《ず》二亦説バシカラ一乎《や》。有リレ朋自《より》リ二遠方一来タル、不二亦楽シカラ一乎。人不レ知ラ而不レ慍ラ、不二亦君子ナラ一乎。」ト（学而《がくじ》）

先生がおっしゃるには、「学んでしかるべきときに復習する、なんとうれしいことではないか。友人が遠くから訪ねてくる、なんと楽しいことではないか。他人が自分を理解してくれなくても腹を立てない、なんと立派な人物ではないか。」と。

「二千五百年前からのメッセージ——孔子の言葉——」より

(1) ——線①「之」とは何を指していますか。次から一つ選び、記号で答えなさい。

ア 自分が以前、学んだこと。
イ これから学ぶ予定になっていること。
ウ 他の人が学び、自分はまだ知らないこと。
エ 自分は学び、他の人がまだ知らないこと。

（　　）

ヒント 「之を習ふ」がどのようなことを表しているか考えよう。

(2) 〰〰線部の書き下し文を抜き出しなさい。

（　　　　）

ヒント 返り点のルールを思い出そう。

(3) ——線②「君子」とは、どのような人物ですか。漢文の内容に合うものを次から一つ選び、記号で答えなさい。

ア 誰よりも学ぶことに情熱を燃やす人物。
イ さまざまな分野の知識に通じている人物。
ウ 他人の評価を気にかけない人物。
エ 常に大勢の人に囲まれて過ごしている人物。

（　　）

ヒント どういう人が君子なのかを現代語訳から探し出そう。

ぴたトレ 1
要点チェック

坊《ぼ》っちゃん

夏目《なつめ》漱石《そうせき》

解答 p.13

1 新しく習った漢字

読み仮名を書きなさい。

① 冗談（　　）
② 刃物（　　）
③ 請ける（　　）
④ 傷痕（　　）
⑤ 滑る（　　）
⑥ 荒れる（　　）
⑦ 潰す（　　）
⑧ 芝居（　　）
⑨ 懲役（　　）
⑩ 怒る（　　）
⑪ 諦める（　　）
⑫ 褒める（　　）
⑬ 鉛筆（　　）
⑭ 捜す（　　）
⑮ 臭さ（　　）
⑯ 菓子（　　）
⑰ 溺れる（　　）
⑱ 一概（　　）
⑲ 周旋（　　）
⑳ 淡泊（　　）
㉑ 募集（　　）
㉒ 即席（　　）
㉓ 生涯（　　）
㉔ 慰める（　　）

2 重要語句

正しい意味を下から選び、記号で答えなさい。

①（　　）無鉄砲　　ア　むこうみずな行動をすること。
②（　　）閉口　　イ　どうにもならなくて困ること。

3 登場人物

（　）にあてはまる言葉を〈　〉から選んで書きなさい。

●坊っちゃん…物語の主人公。（①　　）な性格で、（②　　）ことが嫌いな性分。
●兄…はっきりしない性分で、（③　　）性格。
●おやじ…（④　　）男で、文句を言う。
●清《きよ》…「坊ちゃん」を（⑤　　）にし、とても可愛がってくれる。

〈なんにもせぬ　まがった　ひいき目　無鉄砲　ずるい〉

得点UPポイント

言葉や行動から登場人物の性格を理解する！

☑「坊っちゃん」は、登場人物の人物像や関係性が描かれている。
☑それぞれの登場人物の言葉や行動に注目し、性格が分かると、より深く作品を理解できるようになる。

登場人物の性格を直接説明している部分があるよ！

坊《ぼ》っちゃん

タイムトライアル 8分

解答 p.13

1 読解問題 文章を読んで、問いに答えなさい。

教科書148ページ上17行～149ページ上2行

母が病気で死ぬ二、三日前、台所で宙返りをして、へっついの角であばら骨を打って大いに痛かった。母がたいそう怒《おこ》って、おまえのような者の顔は見たくないと言うから、親類へ泊まりに行っていた。すると、とうとう死んだという知らせが来た。そう早く死ぬとは思わなかった。そんな大病なら、①もう少しおとなしくすればよかったと思って帰ってきた。そうしたら例の兄が、俺を親不孝だ、俺のために、おっかさんが早く死んだんだと言った。くやしかったから、兄の横っつらを張って大変叱られた。

母が死んでからは、②おやじと兄と三人で暮らしていた。おやじはなんにもせぬ男で、③人の顔さえ見れば、きさまはだめだだめだと口癖のように言っていた。何がだめなんだか今にわからない。妙なおやじがあったもんだ。兄は、実業家になるとか言って、しきりに英語を勉強していた。元来、はっきりしない性分《しょうぶん》で、ずるいから、仲がよくなかった。十日に一ぺんぐらいの割でけんかをしていた。ある時将棋《しょうぎ》をさしたら、ひきょうな待ち駒《ごま》をして、人が困るとうれしそうに冷やかした。あんまり腹が立ったから、手にあった飛車《ひしゃ》を眉間《みけん》へたたきつけてやった。眉間が割れて、少々血が出た。兄がおやじに言いつけた。おやじが俺を勘当すると言いだした。

夏目 漱石「坊っちゃん」〈漱石全集 第二巻〉より

(1) ――線①「もう少しおとなしくすればよかった」とは、どういうことですか。次の文の□にあてはまる言葉を、文章中から六字で抜き出しなさい。

・□などしなければよかったということ。

ヒント 「俺」は――線部の前にどんな行動をしたのかを探そう。

(2) ――線②「おやじと兄と三人で暮らしていた」とありますが、「俺」は「おやじ」と「兄」をどのような人物と見ていますか。文章中から「おやじ」は七字、兄は十五字以内で抜き出しなさい。（句読点を含む。）

おやじ

兄

ヒント ――線部の後ろに書かれている二人の性格を表す部分を探し出そう。

(3) ――線③「人」とありますが、この場合は誰のことをさしていますか。次から一つ選び、記号で答えなさい。

ア 母　イ 兄　ウ 「俺」

（　）

ヒント 「おやじ」が「だめだだめだ」と言っている人物を読みとろう。

ぴたトレ 3 確認テスト

坊《ぼ》っちゃん

1 思考・判断・表現　文章を読んで、問いに答えなさい。

教科書155ページ上16行〜156ページ下16行

家をたたんでからも、清《きよ》の所へはおりおり行った。清のおいというのは、①存外けっこうな人である。俺が行くたびに、おりさえすれば、なにくれともてなしてくれた。清は俺を前へ置いて、いろいろ②俺の自慢をおいに聞かせた。いまに学校を卒業すると麴町《こうじまち》辺へ屋敷を買って、役所へ通うのだなどとふいちょうしたこともある。一人で決めて一人でしゃべるから、こっちは困って顔を赤くした。それも一度や二度ではない。おりおり、俺が小さい時寝小便をしたことまでもちだすには閉口した。おいはなんと思って清の自慢を聞いていたかわからぬ。ただ清は昔ふうの女だから、自分と俺の関係を封建時代の主従《しゅうじゅう》のように考えていた。自分の主人ならおいのためにも主人に相違ないと合点《がてん》したものらしい。おいこそいいつらの皮だ。

いよいよ約束が決まって、もうたつという三日前に清を訪ねたら、北向きの三畳に、風邪《かぜ》をひいて寝ていた。俺の来たのを見て起き直るが早いか、坊《ぼ》っちゃんいつうちをおもちなさいますときいた。卒業さえすれば金が自然とポケットの中に湧いてくると思っている。そんなに偉い人をつらまえて、まだ坊っちゃんと呼ぶのはいよいよばかげている。俺は単簡に当分うちはもたない。田舎へ行くんだと言ったら、③非常に失望した様子で、ごま塩のびんの乱れをしきりになでた。あまり気の毒だから、「行くことは行くが、じき帰る。来年の夏休みにはきっと帰る。」と慰《なぐさ》めてやった。それでも妙な顔を

よく出る

(1) ——線①「存外けっこうな人」とありますが、おいはどのような人物ですか。次から一つ選び、記号で答えなさい。 10点

ア 何を考えているか、よくわからないような人。
イ 立派で、こちらが気おくれしてしまうような人。
ウ 人情味があり、おばの清を大切にする人。
エ おしゃべりで、いっしょにいて楽しくなる人。

(2) ——線②「俺の自慢をおいに聞かせた」について、次の問いに答えなさい。

① 清がこのようにすることについて、「俺」がどう感じているかがわかる一文を文章中から探し、初めの五字を抜き出しなさい。 10点

② 清がこのようにするのは、「俺」が清にとってどのような存在だからですか。文章中から二字で抜き出しなさい。 10点

(3) ——線③「非常に失望した様子」とありますが、清はなぜ失望したのですか。文章中の言葉を用いて簡潔に答えなさい。 20点

(4) ——線④「もてあました」とはどういうことですか。次から一つ選び、記号で答えなさい。 10点

ア 清の質問にうまく答えられず、自分が情けなくなった。
イ 失望している清が気の毒で、はっきり答えられなかった。
ウ 清の質問にどう答えればよいかわからず、対応に困った。
エ 話が全く通じないので、清にいらだちばかりがつのった。

考える

(5) 最後の段落からわかる、「俺」に対する清の思いを書きなさい。 20点

時間20分
／100点
合格75点

解答 p.13

していたから、「何か土産《みやげ》を買ってきてやろう、何が欲しい。」とききいてみたら、「越後《えちご》のささあめが食べたい。」と言った。越後のささあめなんて聞いたこともない。だいいち方角が違う。「俺の行く田舎には、ささあめはなさそうだ。」と言って聞かしたら、「そんなら、どっちの見当です。」ときき返した。「西の方だよ。」と言うと、「箱《はこ》根《ね》の先ですか、手前ですか。」と問う。④ずいぶんもてあました。

出立《しゅったつ》の日には朝から来て、いろいろ世話をやいた。来る途中小間物屋で買ってきた歯みがきとようじと手拭いを、ズックのかばんに入れてくれた。そんな物はいらないと言っても、なかなか承知しない。車を並べて停車場へ着いて、プラットフォームの上へ出た時、車へ乗り込んだ俺の顔をじっと見て、「もうお別れになるかもしれません。ずいぶんごきげんよう。」と、小さな声で言った。目に涙《なみだ》がいっぱいたまっている。俺は泣かなかった。しかし、もう少しで泣くところであった。汽車がよっぽど動きだしてから、もうだいじょうぶだろうと思って、窓から首を出して、振り向いたら、やっぱり立っていた。なんだか大変小さく見えた。

夏目 漱石「坊っちゃん」〈漱石全集 第二巻〉より

2 ――線のカタカナを漢字で書きなさい。 各5点

① コウオツをつける。 ② チョウジリを合わせる。

③ 外出をアキラめる。 ④ 作品をホめる。

1 (1)	1 (2) ①	1 (2) ②	1 (3)	1 (4)	1 (5)	2 ①	2 ②	2 ③	2 ④

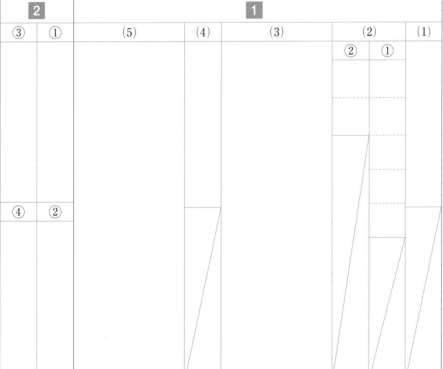

ぴたトレ 1

要点チェック

短歌の味わい

穂村《ほむら》 弘《ひろし》

解答 p.14

1 これまでに習った漢字　読み仮名を書きなさい。

①孤独（　） ②憧れ（　） ③突く（　） ④奥（　）

⑤伴侶（　） ⑥薄い（　） ⑦芯（　） ⑧替わる（　）

⑨眠る（　） ⑩離れる（　） ⑪昇る（　） ⑫鮮やか（　）

⑬繰り返す（　） ⑭描く（　） ⑮歓声（　） ⑯違う（　）

⑰越す（　） ⑱翼（　） ⑲細胞（　） ⑳触れる（　）

2 重要語句　正しい意味を下から選び、記号で答えなさい。

①（　）共鳴　　**ア**　他の考えなどに同感すること。

②（　）たちまち　　**イ**　時間がすごく短いこと。

③（　）束《つか》の間　　**ウ**　短い間に動作が行われるさま。

スタートアップ

短歌とは

五・七・五・七・七の五句三十一音からなる短詩型文学。一首、二首と数える。

短歌のきまり

〈短歌の形式〉

（初句）	（第二句）	（第三句）	（第四句）	（第五句）
五	七	五	七	七
上《かみ》の句			下《しも》の句	

● 句切れ…一首の中で切れめにあたるところ。（何句切れと決められない歌もある。）
→初句切れ・二句切れ・三句切れ・四句切れ・句切れなしがある。

百人一首の取り札には下の句が書かれているよ。

ぴたトレ **2** 練習

短歌の味わい

タイムトライアル 8分

解答 p.14

1 読解問題 文章を読んで、問いに答えなさい。

教科書164ページ1行～165ページ2行

白鳥《しらとり》はかなしからずや空の青海のあを《(オ)》にも染まずただよふ《(ウ)》　若山《わかやま》 牧水《ぼくすい》

「白鳥はかなしからずや」と、いきなり不思議な思いが投げかけられる。「え、どうして?」と問う間もなく、空の青にも海の青にも染まることなく漂《ただよ》っているから、という意外な理由が記される。ずっと純白であることの哀《かな》しみ。だが、現実の鳥がそんなことを考えるはずがない。海辺にいた「白鳥」とは鷗《かもめ》だろうか。二十代の作者は、その白い鳥の姿に自らを重ねているようだ。そして、読者もまた、若ければ若いほど、孤独であれば孤独であるほど、その感覚に共鳴できるのではないか。もしも、その身が青に染まることができたら、空と、海と、世界と一つになれるのに。でも、それは不可能だ。だって、白い鳥は死ぬまで白い鳥だから。永遠の憧れを胸に秘めたまま、今日も真っ青な空を海を漂っている。

穂村 弘「短歌の味わい」より

(1) ――線部の短歌は何句切れですか。（　　）

ヒント 歌の中で句点が打てるところを探そう。

(2) ――線部の短歌の「白鳥はかなしからずや」の意味として適切なものを次から一つ選び、記号で答えなさい。

ア 白鳥はかなしくはないだろう。

イ 白鳥はかなしいにちがいない。

ウ 白鳥はかなしくないのだろうか。

（　　）

ヒント 打ち消しと疑問の意味が入っている答えを選ぼう。

(3) ――線部の短歌には、どのような思いがこめられていますか。その後の鑑賞文を参考にして、適切なものを次から一つ選び、記号で答えなさい。

ア 純白の姿で漂う白鳥の潔癖さへのあこがれ。

イ 空や海の青さに同化しない白鳥の孤独さへの共感。

ウ 何ものにも染まらない白鳥の存在感への感動。

（　　）

ヒント 鑑賞文の内容を捉えよう。

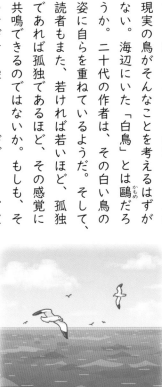

ぴたトレ 1 要点チェック

夏の葬列《そうれつ》

山川《やまかわ》 方夫《まさお》

解答 p.14

1 新しく習った漢字　読み仮名を書きなさい。

①（　）硬い　②（　）疎開　③（　）俺　④（　）起伏
⑤（　）裾　⑥（　）芋　⑦（　）一瞬　⑧（　）日陰
⑨（　）奇妙　⑩（　）記憶　⑪（　）偶然　⑫（　）銃撃
⑬（　）担架　⑭（　）吐く　⑮（　）幻影　⑯（　）謹慎
⑰（　）失恋　⑱（　）喚声　⑲（　）揺れる　⑳（　）埋葬

2 重要語句　正しい意味を下から選び、記号で答えなさい。

①（　）なまなましい　　**ア** ある状態がはっきり出ているさま。
②（　）即席　　**イ** 目の前で見ているような感じ。
③（　）ありあり　　**ウ** すぐその場ですること。

3 場面設定　（　）にあてはまる言葉を書きなさい。

●戦争末期に（①　　　）していた海岸の小さな町を主人公が訪れる。
●「彼」…（①）していた頃は小学生。今は二十六〜七歳。
●ヒロコさん…主人公の小学生時代に二年上級の（②　　）年生だった（①）児童なかま。

得点UPポイント

場面ごとの時間を捉え主人公の心情を読み取る！

☑「夏の葬列」は時間の順序を入れ替えて話を進めている構成の物語である。
☑場面ごとの時間を捉えて、主人公の心情の変化を読み取ろう。

左の文章では、ある一つの場面の主人公の心情を読み取ろう。

夏の葬列《そうれつ》

1 読解問題　文章を読んで、問いに答えなさい。

教科書178ページ3行～13行

「今のうちに、逃げるの、……何してるの？　さ、早く！」

①ヒロ子さんは、怒ったような怖い顔をしていた。ああ、僕はヒロ子さんと一緒に殺されちゃう。僕は死んじゃうんだ、と彼は思った。声の出たのは、そのとたんだった。不意に、彼は狂《くる》ったような声で叫んだ。

「よせ！　向こうへ行け！　目だっちゃうじゃないかよ！」

「助けに来たのよ！」ヒロ子さんもどなった。「早く、道の防空壕《ごう》に……。」

「嫌だったら！　ヒロ子さんとなんて、一緒に行くの嫌だよ！」②夢中で、彼は全身の力でヒロ子さんを突き飛ばした。「……向こうへ行け！」

悲鳴を、彼は聞かなかった。その時強烈な衝撃《しょうげき》と轟音《ごうおん》が地べたをたたきつけて、芋の葉が空に舞い上がった。辺りに砂ぼこりのような幕が立って、彼は、彼の手であおむけに突き飛ばされたヒロ子さんがまるでゴムまりのように弾《はず》んで③空中に浮くのを見た。

山川　方夫「夏の葬列」〈山川方夫全集　第四巻　愛のごとく〉より

(1) ――線①「ヒロ子さんは、怒ったような怖い顔をしていた」とありますが、それはなぜですか。次から一つ選び、記号で答えなさい。

ア　彼を逃がすために必死だったから。
イ　白い服がよごれてしまうと思ったから。
ウ　防空壕が見つからなかったから。

ヒント　ヒロ子さんの発言から考えよう。

（　　）

(2) ――線②「夢中で、彼は全身の力でヒロ子さんを突き飛ばした」のはなぜですか。次の文の□にあてはまる言葉を、文章中から六字で抜き出しなさい。

・白い服のヒロ子さんと一緒だと□と思ったから。

ヒント　直前の「彼」の言葉に着目しよう。

□□□□□□

(3) ――線③「空中に浮くのを見た」とありますが、ヒロ子さんがそのようになったのはなぜですか。次から一つ選び、記号で答えなさい。

ア　彼に強く突き飛ばされて、弾みがついたから。
イ　艦載機《かんさい き》の攻撃にやられてしまったから。
ウ　道の防空壕まで逃げようと必死になっていたから。
エ　彼を助けるために覆いかぶさろうとしたから。

ヒント　「空中に浮く」までの出来事、描写から考えよう。

（　　）

ぴたトレ 3 確認テスト

夏の葬列《そうれつ》

1 思考・判断・表現　文章を読んで、問いに答えなさい。

教科書181ページ11行～182ページ11行

葬列《そうれつ》は、松の木の立つ丘へと登り始めていた。遠くなったその葬列との距離を縮めようというのか、子どもたちは芋畑《いもばたけ》の中に躍り込むと、喚声《かんせい》をあげながら駆《か》け始めた。

立ち止まったまま、彼は①写真を載せた柩《ひつぎ》が軽く左右に揺《ゆ》れ、彼女の母の葬列が丘を登っていくのを見ていた。一つの夏と一緒に、その柩の抱きしめている沈黙。彼は、今はその二つになった沈黙、二つの死が、もはや自分の中で永遠に続くだろうこと、永遠に続くほかはないことがわかっていた。彼は、葬列のあとは追わなかった。追う必要がなかった。この二つの死は、結局、②俺《おれ》の中に埋葬《まいそう》されるほかはないのだ。

――でも、なんという③皮肉だろう、と彼は口の中で言った。あれから、俺はこの傷に触りたくない一心で海岸のこの町を避け続けてきたというのに。そうして今日、せっかく十数年後のこの町、現在

よく出る

(1) 彼女と彼女の母の死について八字で表した言葉を、文章から抜き出しなさい。　5点

(2) ――線①「写真」は誰を写した写真ですか。　5点

(3) ――線②「俺の中に埋葬されるほかはないのだ」の意味として適切なものを次から一つ選び、記号で答えなさい。　5点

ア　二人の死の理由は、隠しとおすしかない。
イ　二人の死は、決して忘れることはできない。
ウ　二人の死を本当に悲しむのは、自分しかいない。
エ　二人の死について、記録に残さなくてはいけない。

(4) ――線③「皮肉」とありますが、どのようなことが皮肉だと言っているのですか。文章中の言葉を用いて答えなさい。　20点

(5) ――線④「記憶を自分の現在から追放し、過去の中に封印して」とありますが、具体的にどうすることですか。簡潔に答えなさい。　10点

(6) ――線⑤「アーケードの下の道」を通り、「彼」はどこへ向かっていますか。文章中から四字で抜き出しなさい。　5点

(7) ――線⑥「彼の足どりをひどく確実なものにしていた」とありますが、この時の「彼」の心情として適切なものを次から一つ選び、記号で答えなさい。　10点

ア　決意　イ　あきらめ　ウ　迷い　エ　希望

考える

(8) 「この町」の風景や、雰囲気は「彼」にとってどのようなものですか。三十字以内で答えなさい。　20点

時間20分
／100点
合格75点

解答 p.14

のあの芋畑を眺めて、はっきりと敗戦の夏のあの④記憶《きおく》を自分の現在から追放し、過去の中に封印してしまって、自分の身を軽くするためにだけ俺はこの町に降りてみたというのに。……全く、なんという偶然《ぐうぜん》の皮肉だろう。

やがて、彼はゆっくりと駅の方角に足を向けた。風が騒ぎ、芋の葉のにおいがする。よく晴れた空が青く、太陽はあい変わらずまぶしかった。海の音が耳に戻ってくる。汽車が、単調な車輪の響きをたて、線路を走っていく。彼は、ふと、今とは違う時間、たぶん未来の中の別な夏に、自分はまた今と同じ風景を眺め、今と同じ音を聞くのだろうという気がした。そして時を隔《へだ》て、俺はきっと自分の中の夏の幾つかの瞬間《しゅんかん》を、一つの痛みとしてよみがえらすのだろう……。

思いながら、彼は⑤アーケードの下の道を歩いていた。もはや逃げ場所はないのだという意識が、⑥彼の足どりをひどく確実なものにしていた。

山川 方夫「夏の葬列」〈山川方夫全集 第四巻 愛のごとく〉より

2 ——線のカタカナを漢字で書きなさい。 各5点

① 力がツきる。
② 目のサッカク。
③ ボールがハズむ。
④ さまざまなモウソウをする。

1 (1)	1 (2)	1 (3)	1 (4)	1 (5)	1 (6)	1 (7)	1 (8)	2 ①	2 ②	2 ③	2 ④

ぴたトレ 1 要点チェック

漢字の広場3 漢字の多義性
（漢字の練習4）

解答 p.16

1 新しく習った漢字 読み仮名を書きなさい。

①（ ）要旨
②（ ）拝啓
③（ ）諸侯
④（ ）征服
⑤（ ）号泣
⑥（ ）仲裁
⑦（ ）暴露
⑧（ ）紛争
⑨（ ）石碑
⑩（ ）書籍
⑪（ ）金融
⑫（ ）襲撃
⑬（ ）汚染
⑭（ ）根拠
⑮（ ）緩急
⑯（ ）契約
⑰（ ）応援
⑱（ ）隆起
⑲（ ）紙幣
⑳（ ）販売
㉑（ ）擬態
㉒（ ）掲示
㉓（ ）語彙
㉔（ ）遺憾

2 重要語句 正しい意味を下から選び、記号で答えなさい。

①（ ）希求　ア 願いもとめることば。
②（ ）露地　イ 屋根などがない土地。

スタートアップ

漢字のさまざまな意味

● 漢字の多義性……一つの漢字がさまざまな意味をもつこと。

例「手」・手首から先の部分。「握手」
・能力、腕前。「手腕」
・方法、手だて。「手段」
・自分で、みずから。「手記」
・ある仕事を受け持つ人。「運転手」
・方向。「行く手」
・器物の柄。「取っ手」

● 転注《てんちゅう》……その漢字本来の意味を、他の似た意味に転用すること。

例「楽（ガク）音楽」
→「楽（ラク）楽しむ」

● 仮借《かしゃ》……同音の漢字を借りて事物を表すこと。当て字。

例「我（ガ）矛の意味」
→「我（われ）自分のこと」

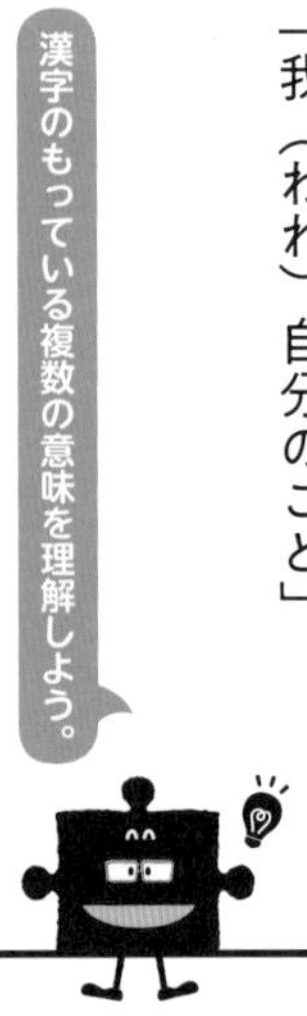

漢字の広場3 漢字の多義性

タイムトライアル 8分

解答 p.16

1

(1) **漢字のさまざまな意味について答えなさい。**
次の——線の「和」の意味をあとから一つずつ選び、記号で答えなさい。
① 唱和　② 和解　③ 中和　④ 和服
ア 仲良くする。　**イ** 声や調子を合わせる。
ウ まぜ合わせる　**エ** 日本の

(2) 次の——線の漢字の中から、下の（　）の意味で使われているものを一つずつ選び、記号で答えなさい。
① **ア** 収入　**イ** 収集　**ウ** 収縮　（受け取る）
② **ア** 反撃　**イ** 反省　**ウ** 反射　（かえりみる）
③ **ア** 拝啓　**イ** 啓示　**ウ** 啓発　（申しあげる）
④ **ア** 入念　**イ** 念仏　**ウ** 念願　（じっと心に思う。）
⑤ **ア** 横隊　**イ** 横断　**ウ** 横着　（よこぎる）

(3) 次のそれぞれの文の下の（　）の意味に着目して、二つの□に共通してあてはまる漢字を答えなさい。
① ・□年の大スター。（過ぎ去った年。）
・□来を車が通る。（道路。通り）
② ・線路が□旧する。（元の状態に戻す。）
・今日の□習をする。（もう一度する。）
③ ・□失を認める。（まちがい）
・電車が通□する。（通り過ぎる）

(4) 次の——線をつけた漢字の意味をあとから一つずつ選び、記号で答えなさい。
① 乗客　② 便乗
ア 機会につけこむ。　**イ** 乗り物に乗る。
③ 事実　④ 事務
ア 事柄　**イ** 役目。仕事。
⑤ 伝言　⑥ 伝統
ア 伝わる　**イ** ことづて

1

(1)				(2)					(3)			(4)					
①	②	③	④	①	②	③	④	⑤	①	②	③	①	②	③	④	⑤	⑥

ぴたトレ 1 要点チェック

ガイアの知性

龍村《たつむら》 仁《じん》

解答 p.16

1 新しく習った漢字　読み仮名を書きなさい。

①（　）鯨　②（　）撮影　③（　）畏敬　④（　）示唆
⑤（　）寿命　⑥（　）知恵　⑦（　）素直　⑧（　）偏る
⑨（　）捕らえる　⑩（　）餌　⑪（　）状況　⑫（　）足下
⑬（　）制御　⑭（　）猛毒　⑮（　）選択　⑯（　）過酷
⑰（　）雌　⑱（　）攻撃

2 重要語句　正しい意味を下から選び、記号で答えなさい。

①（　）異口同音
②（　）注意を払《はら》う
③（　）陥《おとしい》れる

ア 細かく気を配ること。
イ 口をそろえて同じように言うこと。
ウ 苦しい立場に追いやること。

3 段落構成　（　）にあてはまる言葉を書きなさい。

●序論…鯨・象・人は地球上で最も高度に進化した「（①　　）」を持っているが、人と他の二種は何かが違っている。

●本論…事例1　オルカや（②　　）が芸をすること。
事例2　（②）が人間に何かを教えようとすること。
事例3　ケニアの象が肉親の象の歯を元の場所に戻したこと。

●結論…我々人類は、鯨や象たちからさまざまなことを学び、真の意味の「（③　　）の知性」に進化する必要がある。

得点UPポイント

筆者の考えの根拠を明確にして、主張を捉える！

☑「ガイアの知性」では、筆者の主張する根拠を、推論や事例を用いて述べられている。

☑根拠をもとにして、筆者が何を伝えたいのかを考えるようにしよう。

ぴたトレ 2 練習

ガイアの知性

タイムトライアル 8分

解答 p.16

1 読解問題 文章を読んで、問いに答えなさい。

教科書199ページ11行〜200ページ3行

彼らが異口同音に言う言葉がある。それは、①オルカやイルカは決して、ただ餌《えさ》を欲しいがために本能的に芸をしているのではない、ということである。

彼らは捕《と》らわれの身となった自分の状況《じょうきょう》を、はっきり認識している、という。そして、その状況を自ら受け入れると決意した時、初めて、自分とコミュニケーションしようとしている人間、さしあたっては調教師を喜ばせるために、②そしてその状況の下《もと》で自分自身も、精いっぱい生きることを楽しむために、「芸」と呼ばれることを始めるのだ。水族館でオルカが見せてくれる「芸」のほとんどは、実は人間がオルカに強制的に教えこんだものではない。オルカのほうが、人間が求めていることを正確に理解し、自分のもっている高度な能力を、か弱い人間（調教師）のレベルに合わせて制御《せいぎょ》し、調整をしながら使っているからこそ可能になる「芸」なのだ。

龍村 仁「ガイアの知性」より

(1) ——線①「オルカやイルカは……しているのではない」について、なぜオルカやイルカは芸をするのですか。適切なものを次から全て選び、記号で答えなさい。

ア 調教師から芸をすることを強制的に教えこまれたため。
イ コミュニケーションしようとする人間を喜ばせるため。
ウ 人間が何を求めているのかを、芸を通して理解するため。
エ 捕らわれている状況で、精いっぱい生きることを楽しむため。

（　　　　）

ヒント　理由を述べる表現を見つけよう。

(2) ——線②「その状況」とはどのような状況ですか。文章中から十五字で探し、初めと終わりの五字を抜き出しなさい。

□□□□□〜□□□□□

ヒント　「状況」と言う言葉に着目しよう。

(3) イルカやオルカは、自分のまわりにいる人間をどのような存在だと考えていると述べられていますか。次の文の□にあてはまる言葉を、文章中から三字で抜き出しなさい。

・□存在。

□□□

ヒント　調教師とオルカの関係について述べた部分から探そう。

ぴたトレ 3 確認テスト

ガイアの知性

1 思考・判断・表現 文章を読んで、問いに答えなさい。

教科書201ページ17行〜203ページ12行

象については、こんな話がある。

アフリカのケニアで、ある自然保護官が象の寿命《じゅみょう》を調べるため、自然死した象の歯を集めていた。草原で新しく見つけた歯を持ち帰り倉庫に納めておいたところ、①その日から毎晩、巨大な象がやってきて、倉庫のかんぬきを開けようとする。不思議に思ったその②保護官は、ある晩、かんぬきを開けたままにしておいた。すると、翌朝、数百個も集められていた歯の中から、その新しく収集した歯だけがなくなっていた。保護官がその歯を捜したところ、その歯はなんと、彼が発見したまさにその場所に戻されていたのだ。毎晩倉庫にやってきた象は、たぶん亡《な》くなった象の肉親だったのだろう。それにしてもその象は、どうやっ

(1) ――線①「その日から……開けようとする」とありますが、象がこのようにしたのはなぜですか。次から一つ選び、記号で答えなさい。 5点

ア 保護官が死んだ肉親の歯を保管しているか確かめるため。
イ 死んだ肉親の歯を奪《うば》った保護官に象の知性をわからせるため。
ウ 保護官が収集した死んだ肉親の歯を元の場所に戻すため。

よく出る
(2) ――線②「保護官は……開けたままにしておいた」とありますが、保護官の目的を簡潔に答えなさい。 15点

(3) ――線③「人間の『知性』」について、次の問いに答えなさい。

① 人間の「知性」の性質について端的に表現した言葉を、文章中から三字で抜き出しなさい。 10点

② 「人間の『知性』」の進歩による問題として述べられている事柄を、文章中から四字で抜き出しなさい。 10点

(4) ――線④「受容的な知性」について、次の問いに答えなさい。

① どのような知性ですか。次から一つ選び、記号で答えなさい。 5点

ア 自然をコントロールする高度な能力を身につける知性。
イ 多様で複雑な自然の営みから、繊細な自分を守る知性。
ウ 複雑な自然に親しみ、適応することのできる知性。

② 「受容的な知性」によって、鯨や象はどうすることができたのですか。文章中の言葉を用いて答えなさい。 15点

考える
(5) 筆者は、今、人間はどうあるべきだと述べていますか。文章中の言葉を用いて答えなさい。 20点

時間20分
／100点
合格75点

解答 p.16

て歯が倉庫にあることを知ったのだろう。数百個もある歯の中から、どうやって肉親の歯を見分けたのだろう。そして最大の謎は、その象が、なぜ歯を元の場所にわざわざ戻したのだろう、ということだ。

このように、鯨《くじら》や象が高度な「知性」をもっていることは、たぶんまちがいない事実だ。

しかし、その「知性」は、科学技術を進歩させてきた③人間の「知性」とは大きく違うものだ。人間の「知性」は、自分たちだけの安全と便利さのために自然をコントロールし、意のままに支配しようとする、いわば「攻撃《こうげき》的な知性」だ。この「攻撃的な知性」をあまりにも進歩させてきた結果として、人間は環境破壊を起こし、地球全体の生命を危機に陥《おとしい》れている。これに対して、鯨や象のもつ「知性」は、いわば④「受容的な知性」とでも呼べるものだ。彼らは、自然をコントロールしようなどとはいっさい思わず、そのかわり、この自然のもつ無限に多様で複雑な営みを、できるだけ繊細に理解し、それに適応して生きるために、その高度な「知性」を使っている。

だからこそ彼らは、我々人類よりはるか以前から、あの大きな体でこの地球に生きながらえてきたのだ。同じ地球に生まれながら、片面だけの「知性」を異常に進歩させてしまった我々人類は、今、もう一方の「知性」の持ち主である鯨や象たちからさまざまなことを学ぶことによって、真の意味の「ガイアの知性」に進化する必要がある、と私は思っている。

龍村 仁「ガイアの知性」より

2 ——線のカタカナを漢字で書きなさい。 各5点

① イケイの念を抱く。　② シサに富んだ論文。

③ 犬にエサをあげる。　④ カコクな状況。

1								2			
(1)	(2)	(3) ①	(3) ②	(4) ①	(4) ②	(5)	①	②	③	④

ぴたトレ 1
要点チェック

学ぶ力

内田《うちだ》 樹《たつる》

解答 p.17

1 新しく習った漢字 読み仮名を書きなさい。

①潜る（　　） ②維持（　　） ③塞ぐ（　　） ④優劣（　　）
⑤師匠（　　） ⑥墨（　　）

2 重要語句 正しい意味を下から選び、記号で答えなさい。

(1)
①（　）有用　　**ア** 物事の成立に必要なこと。
②（　）強度　　**イ** 強さの度合い。
③（　）微細　　**ウ** きわめて細かいこと。
④（　）条件　　**エ** 役に立つこと。

(2)
①（　）きわだつ　　**ア** 他とのちがいがはっきりしている。
②（　）もちろん　　**イ** 前の事柄の例外を挙げる言葉。しかし。
③（　）ただし　　**ウ** 物に向けた目の様子。
④（　）まなざし　　**エ** 言うまでもなく。

3 内容把握 （　）にあてはまる言葉を〈　〉から選んで書きなさい。

●「学ぶ力」とは……（①　　　）なもの。
　「昨日の自分と比べたとき」の変化が問題。

●「学ぶ力」が伸びる三つの条件
①「（②　　　）の自覚」があること。
②教えてくれる「（③　　　）」を自分でも見つけようとすること。
③教えてくれる人を「（④　　　）」にさせること。

●筆者の主張
「学力のある人」

……「私は学びたいのです。先生、どうか教えてください。」

という（⑤　　　）を口に出せる人。


〈師（先生）　センテンス　無知　その気　個人的〉

タイムトライアル 8分

解答 p.17

1 読解問題　文章を読んで、問いに答えなさい。

教科書227ページ13行～228ページ7行

「学ぶ力」は他人と比べるものではなく、個人的なものだと思います。「学ぶ」ということに対して、どれくらい集中し、夢中になれるか、その強度や深度を評するためにこそ「学力」という言葉を用いるべきではないでしょうか。そして、それは①消化力や睡眠力と同じように、「昨日の自分と比べたとき」の変化が問題なのだと思います。昨日よりも消化がいいか、一週間前よりも寝つきがよいか、一年前よりも傷の治りが早いか、その時間的変化を点検したときに初めて、自分の身に「何か」が起きていることがわかります。もし「力」が伸びているなら、それは今の生き方が正しいということですし、「力」が落ちていれば、それは今の生き方のどこかに問題があるということです。

人間が生きていくために本当に必要な「力」についての情報は、他人と比較したときの優劣《ゆうれつ》ではなく、「昨日の自分」と比べたときの「力」の変化についての情報なのです。そのことをあまりに多くの人が忘れているようなので、ここに声を大にして言っておきたいと思います。②自分の「力」の微細な変化まで感知されているかぎり、私たちは自分の生き方の適不適を判定し、修正を加えることができます。

内田 樹「学ぶ力」より

(1) ――線①「消化力や睡眠力」とありますが、これは何を説明するために挙げられたものですか。次から一つ選び、記号で答えなさい。

ア 「学ぶ力」が今の生き方を判定できるものであること。
イ 「学ぶ力」が他人と比較できない個人的なものであること。
ウ 「学ぶ力」が人間が生きるために不可欠な能力であること。
エ 「学ぶ力」が他人と優劣をつけるべきものであること。

（　　）

ヒント ――線部を含む段落を最後まで読もう。

(2) ――線②「自分の『力』の微細な変化」について、次の問いに答えなさい。

① 「力」のうちで、「学力」は何を評価するものですか。「……を評価するもの。」につながる形で文章中から探し、初めと終わりの五字を抜き出しなさい。(読点や記号を含む。)

□□□□□ ～ □□□□□

② ――線②と同じ内容を説明している部分を文章中から二十字で探し、初めと終わりの五字を抜き出しなさい。(読点や記号を含む。)

□□□□□ ～ □□□□□

ヒント 「学ぶ力」「力」について筆者の意見を読み取ろう。

ぴたトレ **3** 確認テスト

学ぶ力

時間20分 ／100点 合格75点

解答 p.17

1 思考・判断・表現 文章を読んで、問いに答えなさい。

教科書229ページ10行〜231ページ4行

第三の条件、それは「教えてくれる人を『その気』にさせること」です。

こちらには学ぶ気がある。師には「教えるべき何か」があるとします。条件が二つそろいました。しかし、それだけでは学びは起動しません。もう一つ、師が「教える気」になる必要があります。

昔から、師弟関係を描いた物語には、必ず「入門」をめぐるエピソードがあります。何か（武芸の奥義《おうぎ》など）を学びたいと思っていた者が、達人に弟子入りしようとするのですが、「だめだ。」とすげなく断られる。それでも諦めずについていって、さまざまな試練の末に、それでもどうしても教わりたい、という気持ちが本気であるということが伝わると、「しかたがない。弟子にしてやろう。」ということになる。①そのような話は数多くあります。

では、どのようにしたら人は②「大切なことを教えてもいい」という気になるのでしょう。

例えば「先生、これだけ払《はら》うから、その分教えてください。」といって札束を積み上げるような者は、普通弟子にしてもらえません。師を利益誘導したり、おだてたりしてもだめです。だいたい、金銭で態度が変わったり、ちやほやされると舞い上がったりするような人間は「師」として尊敬する気にこちらのほうがなれません。

師を教える気にさせるのは、「お願いします。」という弟子のまっ

(1) ――線①「そのような話」について、次の問いに答えなさい。

① 「そのような話」とはどのような筋をもつ話ですか。その内容がわかる部分を文章中から探し、初めと終わりの五字を抜き出しなさい。（句読点や記号を含む。） 5点

② 「そのような話」を言いかえた言葉を、これよりあとの文章中から六字で抜き出しなさい。 5点

(2) よく出る ――線②「大切なことを教えてもいい」と思わせるためには、教えられる側には何が必要ですか。文章中から三字で、二つ抜き出しなさい。 各5点

(3) ――線③「真っ白な状態」と反対の状態について、次の□にあてはまる言葉を、文章からそれぞれ二字で抜き出しなさい。 各5点

・自分の A から、師のやり方に B をつける状態。

(4) ――線④「同じ本を読んでいても……人がいる」とありますが、本を読んで学べない人とは、どのような人ですか。「本」という言葉を用いて簡潔に答えなさい。 10点

(5) ――線⑤「数値で表せる成績や点数」のほかに、学ぶときに考慮する必要がないものを、文章中から五字で抜き出しなさい。 10点

(6) 筆者は「師」と呼ばれる人は、どうあるべきだと述べていますか。次から一つ選び、記号で答えなさい。 10点

ア 世間から常に尊敬される。 **イ** 自分より弟子を尊重する。
ウ 私利私欲で態度を変えない。 **エ** 他者をおだてたりしない。

(7) 考える 筆者は「学力のある人」とはどのような人だと考えていますか。三十字以内で具体的に答えなさい。 20点

すぐな気持ち、師を見上げる真剣なまなざしだけです。これはあらゆる「弟子入り物語」に共通するパターンです。このとき、弟子の側の才能や経験などは、問題になりません。なまじ経験があって、「私はこのようなことを、こういうふうな方法で習いたい。」というような注文を師に向かってつけるようなことをしたら、これもやはり弟子にはしてもらえません。それよりは、③真っ白な状態がいい。まだ何も書いてないところに、白い紙に黒々と墨《すみ》の跡を残すように、どんなこともどんどん吸収するような、学ぶ側の「無垢《むく》さ」、師の教えることはなんでも受け入れますという「開放性」、それが「師をその気にさせる」ための力であり、弟子のかまえです。たとえ、書物の中の実際に会うことができない師に対しても、この関係は同様です。④同じ本を読んでいても、教えてもらえる人と、もらえない人がいるのです。

「学ぶ（ことができる）力が伸びる」ために必要なのは、この三つです。繰り返します。

第一に、「自分は学ばなければならない」という己の無知についての痛切な自覚があること。

第二に、「あ、この人が私の師だ。」と直感できること。

第三に、その「師」を教える気にさせるひろびろとした開放性。

この三つの条件を一言で言い表すと、「私は学びたいのです。先生、どうか教えてください。」というセンテンスになります。⑤数値で表せる成績や点数などの問題ではなく、たったこれだけの言葉。これが私の考える「学力」です。このセンテンスを素直に、はっきりと口に出せる人は、もうその段階で「学力のある人」です。

内田 樹「学ぶ力」より

2 ──線のカタカナを漢字で書きなさい。　各5点

① 海にモグる。　② 耳をフサぐ。

③ レッセイに立つ。　④ 映画界のキョショウ。

1 (1) ①	1 (1) ②	1 (2)	1 (3)	1 (4)	1 (5)	1 (6)	1 (7)	2 ①	2 ②	2 ③	2 ④
〜		・	A / B								

ぴたトレ 1
要点チェック

文法の小窓3 付属語のいろいろ
（漢字の練習5）

解答 p.18

1 新しく習った漢字 読み仮名を書きなさい。

①勾配（　） ②楽譜（　） ③過剰（　） ④缶詰（　）
⑤漬ける（　） ⑥頒布（　） ⑦王妃（　） ⑧刹那（　）
⑨勅使（　） ⑩恭順（　） ⑪焼酎（　） ⑫総帥（　）
⑬弐万円（　） ⑭失墜（　） ⑮罷免（　） ⑯約款（　）
⑰国璽（　） ⑱且つ（　） ⑲蛮勇（　） ⑳墜落（　）
㉑重曹（　） ㉒尉官（　） ㉓吹雪（　） ㉔紅葉（　）

2 重要語句 正しい意味を下から選び、記号で答えなさい。

①（　）使役《しえき》　**ア** ある行為を他人に行わせること。
②（　）様態　**イ** そのような様子が見られること。

スタートアップ

助詞
●活用のない付属語。次の四つがある。
・格助詞……主に体言につく。
　例 が・に・の・から
・接続助詞…用言や助動詞につく。
　例 けれど・ので・でも
・副助詞……いろいろな語につく。
　例 だけ・も・しか
・終助詞……文や文節の終わりにつく。
　例 よ・な（あ）・ね（え）

助動詞
●活用のある付属語。述語にいろいろな意味をつけ加えたり、話し手（書き手）の判断や気持ちを表したりする。
例 せる・させる…使役（そうさせる）
れる・られる…受け身・可能・自発・尊敬
ない…打ち消し　ようだ…推定、たとえ
だ・です…断定　う・よう…意志・勧誘《かんゆう》、推量

付属語は、単独で文節をつくることができないよ。

文法の小窓3　付属語のいろいろ
（漢字の練習5）

タイムトライアル
10分

解答
p.19

1

(1) 助詞について答えなさい。

次の——線の助詞の種類をあとから一つずつ選び、記号で答えなさい。

① 父は本を読んでいる。
② やればやるほどうまくなる。
③ 雪がたくさん積もったよ。
④ よい匂いの花が咲いた。
⑤ 春が終わって、夏になった。

ア 格助詞　イ 接続助詞　ウ 副助詞　エ 終助詞

(2) 次の——線の助詞は、どのような文の成分をつくっていますか。あとから一つずつ選び、記号で答えなさい。

① 来年の春。
② 雲が流れる。
③ 弟がパンを食べる。
④ 雨が降っても行く。

ア 連用修飾語　イ 連体修飾語　ウ 主語　エ 接続語

2

(1) 助動詞について答えなさい。

次の——線のうち助動詞はどちらですか。記号で答えなさい。

① ア どこにも行かない。
　 イ 行きたい場所がない。
② ア かわいらしい服装。
　 イ 台風が来るらしい。

(2) 次の——線の助動詞の意味をあとから一つずつ選び、記号で答えなさい。

① 姿を人に見られる。
② このコップはいくつも重ねられる。
③ 遠くの友のことが案じられる。
④ 校長先生が来られる。

ア 自発　イ 可能　ウ 受け身　エ 尊敬

1			2	
(1)		(2)	(1)	(2)
①	④	①	①	①
②	⑤	②	②	②
③		③		③
		④		④

ぴたトレ 1

要点チェック

豚

木《き》坂《さか》 涼《りょう》

解答 p.19

1 これまでに習った漢字　読み仮名を書きなさい。

① 描く（　　）
② 浮かぶ（　　）
③ 捉える（　　）
④ 鮮やか（　　）
⑤ 比較（　　）
⑥ 魅力（　　）
⑦ 踏む（　　）
⑧ 肩（　　）
⑨ 酢豚（　　）
⑩ 泥（　　）
⑪ 奇数（　　）
⑫ 偶数（　　）

2 重要語句　正しい意味を下から選び、記号で答えなさい。

①（　　）イメージ
②（　　）生ずる
③（　　）記す
④（　　）ラード
⑤（　　）目を細める
⑥（　　）訴《うった》える

ア　文字や文章を書きとめる。
イ　豚の脂肪を固めた白い油。
ウ　それまでになかったものが発生する。
エ　心に思いうかべるもの。
オ　感情に働きかける。
カ　顔にほほえみを浮かべる。

スタートアップ

類比

同じ種類の言葉や、ものを重ねて比べていく方法

例　第二連の「豚」と第四連の「豚」

→同じ言葉を並べて比較している。

対比

言葉や、ものの異なる面を比べていく方法

例　「ハム、ソーセージ／ベーコン／焼き豚」と「背ロース、肩ロース／肩肉、ばら肉、もも肉、すね肉／ヒレ」

→違う面を並べて比較している。

● 「類比」も「対比」も、言葉のイメージの変化を捉えるのに役立つ。

詩の中で言葉のイメージが変わっていくよ。想像力を働かせながら読もう。

ぴたトレ 2

練習

豚

タイムトライアル 8分

解答 p.19

1 読解問題　詩を読んで、問いに答えなさい。

教科書244ページ～245ページ

豚

木坂《きさか》　涼《りょう》

ハム、ソーセージ
ベーコン
焼き豚

豚

背ロース、肩ロース
肩肉、ばら肉、もも肉、すね肉
ヒレ

豚

ステーキ
カツレツ
酢豚

豚

骨、頭、皮、耳、鼻、しっぽ
ひづめ、血液
スープ、ラード

泥に背中をこすりつけるのが目を細めるとき
でした
子だくさん
でした

(1) 1・3・5連めの内容は「豚」のどのような面を取り上げていますか。それぞれ選び、記号で答えなさい。

ア　豚の加工食品　イ　豚の料理　ウ　豚の部位

1連め（　　）　3連め（　　）　5連め（　　）

ヒント　それぞれ挙げられている言葉の共通点を見つけよう。

(2) 23・24行め「泥に背中をこすりつけるのが目を細めるとき／でした」は何のことを述べた表現ですか。詩の中から抜き出しなさい。

（　　）

ヒント　この詩のテーマを捉えよう。

(3) 8連めがあることの効果の説明として、適切なものを次から一つ選び、記号で答えなさい。

ア　豚を食べることに対して、人間の都合が最優先されていることを非難している。

イ　筆者の豚への思いを描くことで、豚が愛される生き物であることを際立たせている。

ウ　食べ物としての豚の姿を挙げたうえで、生き物としての豚のことを述べることで、人間の営みを読み手に省みさせている。

（　　）

ヒント　8連めで描かれている「豚」はどんな側面かな。

ぴたトレ 1 要点チェック

走れメロス

太宰《だざい》 治《おさむ》

解答 p.20

1 新しく習った漢字 読み仮名を書きなさい。

① 敏感（　　）
② 祝宴（　　）
③ 拒む（　　）
④ 眉間（　　）
⑤ 嘲笑（　　）
⑥ 到着（　　）
⑦ 不吉（　　）
⑧ 宵（　　）
⑨ 悠々（　　）
⑩ 名誉（　　）
⑪ 拳（　　）
⑫ 哀願（　　）
⑬ 殴る（　　）
⑭ 萎える（　　）
⑮ 傍観（　　）
⑯ 欺く（　　）
⑰ 疑惑（　　）
⑱ 卑劣（　　）
⑲ 輝く（　　）
⑳ 空虚（　　）

2 重要語句 正しい意味を下から選び、記号で答えなさい。

①（　　）竹馬の友
②（　　）疲労困憊《こんぱい》
③（　　）路傍《ろぼう》

ア おさなともだち。
イ ひどくつかれはてること。
ウ 道ばた。

3 登場人物 （　）にあてはまる言葉を〈　〉から選んで書きなさい。

●メロス……物語の主人公。単純だが、（①　　）には人一倍敏感。
↓信念は強いが、度重なる困難にくじけそうになり、意志が揺らぐことも。

●ディオニス（王）
…人を（②　　）ことができない。残酷。
↓しかし本当は人を信じたい気持ちもある。

●セリヌンティウス…メロスを心から信じ、メロスが戻ってくるまで（③　　）になる。
（④　　）な男。
↓しかし、ただ一度だけメロスを疑ったことを自ら告白する。

〈信じる　誠実　人質　邪悪《じゃあく》〉

「走れメロス」では、語り手が状況を説明したり、主人公のメロスの内面を語ったり、さまざまな位置で物語を語るよ。

ぴたトレ 2
練習
走れメロス

1 読解問題 文章を読んで、問いに答えなさい。

教科書251ページ8行〜252ページ1行

「ばかな。」と暴君は、しわがれた声で低く笑った。「とんでもないうそを言うわい。①逃がした小鳥が帰ってくるというのか。」

「そうです。帰ってくるのです。」メロスは必死で言いはった。「私は約束を守ります。私を、三日間だけ許してください。妹が、私の帰りを待っているのだ。そんなに私を信じられないならば、よろしい、この町にセリヌンティウスという石工《いしく》がいます。②私の無二の友人だ。あれを、人質としてここに置いていこう。私が逃げてしまって、三日めの日暮れまで、ここに帰ってこなかったら、あの友人を締め殺してください。頼む。そうしてください。」

それを聞いて王は、残虐《ざんぎゃく》な気持ちで、そっとほくそ笑んだ。生意気なことを言うわい。どうせ帰ってこないにきまっている。このうそつきにだまされたふりして、放してやるのも③おもしろい。そうして身代わりの男を、三日めに殺してやるのも気味がいい。人は、これだから信じられぬと、わしは悲しい顔して、その身代わりの男を磔刑《たっけい》に処してやるのだ。世の中の、正直者とかいうやつばらにうんと見せつけてやりたいものさ。

太宰 治「走れメロス」〈太宰治全集 第三巻〉より

(1) ——線①「逃がした小鳥」とは誰を指していますか。次から一つ選び、記号で答えなさい。

ア メロス　イ セリヌンティウス　ウ 民
エ 妹　オ 王

（　　）

ヒント 「逃がした」という言葉の意味を考えよう。

(2) ——線②「私の無二の友人……置いていこう」とありますが、メロスはなぜこのような提案をしたのですか。次から一つ選び、記号で答えなさい。

ア 王に、友情のすばらしさを伝えるため。
イ 自分を許してくれるよう、王を説得してもらうため。
ウ 自分は約束を守ると、王に信じさせるため。

（　　）

ヒント 大切な友人を人質として差し出すことの意味を考えよう。

(3) ——線③「おもしろい」とありますが、このときの王の気持ちとして適切なものを次から一つ選び、記号で答えなさい。

ア 人は信じられないということを世の中に知らしめてやる。
イ メロスのうそにだまされてやるわしも、お人よしだなあ。
ウ 王の威厳を改めて民に示すことができる良い機会だ。

（　　）

ヒント ——線部より後の王の心情から考えよう。

タイムトライアル 8分

解答 p.20

ぴたトレ 3

確認テスト①

走れメロス

時間20分

／100点

合格75点

解答 p.20

1 思考・判断・表現

文章を読んで、問いに答えなさい。

教科書255ページ3行〜256ページ12行

私は、今宵《こよい》、殺される。殺されるために走るのだ。身代わりの友を救うために走るのだ。王の奸佞邪知《かんねいじゃち》を打ち破るために走るのだ。走らなければならぬ。そうして、私は殺される。若い時から名誉《めいよ》を守れ。さらば、ふるさと。若いメロスは、つらかった。幾度《いくたび》か、立ち止まりそうになった。①えい、えいと大声あげて自身を叱りながら走った。村を出て、野を横切り、森をくぐり抜け、隣村に着いた頃には、雨もやみ、日は高く昇って、そろそろ暑くなってきた。メロスは額の汗を拳《こぶし》で払《はら》い、ここまで来ればだいじょうぶ、もはや故郷への未練はない。妹たちは、きっとよい夫婦になるだろう。私には、今、なんの気がかりもないはずだ。まっすぐに王城に行き着けば、それでよいのだ。そんなに急ぐ必要もない。ゆっくり歩こう、と持ちまえののんきさを取り返し、②好きな小歌をいい声で歌いだした。ぶらぶら歩いて二里行き三里行き、そろそろ全里程の半ばに到《とう》達《たっ》した頃、降ってわいた災難、メロスの足は、はたと、止まった。見よ、前方の川を。昨日の豪雨で山の水源地は氾濫し、濁流《だくりゅう》とうとうと下流に集まり、猛勢一挙に橋を破壊し、

(1) ――線①「えい、えいと……走った」とありますが、この時メロスが自分に言い聞かせている内容を文章中から探し、初めと終わりの五字を抜き出しなさい。（句読点を含む。） 15点

(2) ――線②「好きな小歌を……歌いだした」とありますが、この時のメロスの気持ちを次から一つ選び、記号で答えなさい。 5点

ア つらさを忘れたい気持ち。
イ すがすがしい気持ち。
ウ やる気に満ちた気持ち。
エ 不安がつのる気持ち。

よく出る

(3) ――線③「男泣きに泣きながら」とありますが、このときのメロスの気持ちとして適切なものを次から一つ選び、記号で答えなさい。 10点

ア 王城に行き着くことができないので、私の身代わりとなって死ぬ友に申し訳ないと思っている。
イ 災難を目の前にしてどうすれば乗り切れるかわからず、途方に暮れている。
ウ 天に自分の心を試されているように感じ、信じてもらえないことに苦しんでいる。

(4) ――線④「覚悟」とありますが、メロスはどのようなことを覚悟したのですか。簡潔に答えなさい。 15点

(5) ――線⑤「神もあわれと思ったか、ついに憐愍を垂れてくれた」の具体的内容を文章中から二十字で探し、初めと終わりの五字を抜き出しなさい。（句読点を含む。） 15点

考える

(6) ――線⑥「日はすでに西に傾きかけている」はメロスのどのような心情を反映していますか。簡潔に書きなさい。 20点

どうどうと響きをあげる激流が、こっぱみじんに橋げたを跳《は》ね飛ばしていた。彼は茫然《ぼうぜん》と、立ちすくんだ。あちこちと眺め回し、また、声を限りに呼びたててみたが、繋舟《けいしゅう》は残らず波にさらわれて影なく、渡し守《もり》の姿も見えない。流れはいよいよ、膨れ上がり、海のようになっている。メロスは川岸にうずくまり、③男泣きに泣きながらゼウスに手を挙げて哀願《あいがん》した。「ああ、鎮《しず》めたまえ、荒れ狂《くる》う流れを！　時は刻々に過ぎていきます。太陽もすでに真昼時です。あれが沈んでしまわぬうちに、王城に行き着くことができなかったら、あのよい友達が、私のために死ぬのです。」

　濁流は、メロスの叫びをせせら笑うごとく、ますます激しく躍り狂う。波は波をのみ、巻き、あおり立て、そうして時は、刻一刻と消えていく。今はメロスも④覚悟した。泳ぎきるよりほかにない。ああ、神々も照覧あれ！　濁流にも負けぬ愛と誠《まこと》の偉大な力を、今こそ発揮してみせる。メロスは、ざんぶと流れに飛び込み、百匹の大蛇のようにのたうち荒れ狂う波を相手に、必死の闘争《とうそう》を開始した。満身の力を腕にこめて、押し寄せ渦巻《うずま》き引きずる流れを、なんのこれしきとかき分けかき分け、獅子奮迅《ししふんじん》の人の子の姿には、⑤神もあわれと思ったか、ついに憐愍《れんびん》を垂れてくれた。押し流されつつも、みごと、対岸の樹木の幹に、すがりつくことができたのである。ありがたい。メロスは馬のように大きな胴震いを一つして、すぐにまた先を急いだ。一刻といえども、無駄《むだ》にはできない。⑥日はすでに西に傾《かたむ》きかけている。ぜいぜい荒い呼吸《いき》をしながら峠を登り、登りきって、ほっとした時、突然、目の前に一隊の山賊《さんぞく》が躍り出た。

太宰 治「走れメロス」〈太宰治全集 第三巻〉より

2　――線のカタカナを漢字で書きなさい。　各5点

① キビンな動きをする。　② 許しをコう。

③ ジクアシに体重をかける。　④ おみくじでダイキチを引く。

1 (1)	1 (2)	1 (3)	1 (4)	1 (5)	1 (6)	2 ①	2 ②	2 ③	2 ④
〜				〜					

ぴたトレ 3
確認テスト②

走れメロス

時間20分
／100点
合格75点
解答 p.20

1 思考・判断・表現 文章を読んで、問いに答えなさい。

教科書262ページ7行〜264ページ12行

　言うにや及ぶ。まだ日は沈まぬ。最後の死力を尽くして、メロスは走った。メロスの頭は、空っぽだ。何ひとつ考えていない。ただ、訳のわからぬ大きな力に引きずられて走った。日は、ゆらゆら地平線に没し、まさに最後の一片《いっぺん》の残光も、消えようとした時、メロスは①疾風のごとく刑場《けいじょう》に突入した。まにあった。

「待て。②その人を殺してはならぬ。メロスが帰ってきた。約束のとおり、今、帰ってきた。」と、大声で刑場の群衆に向かって叫んだつもりであったが、喉が潰れてしわがれた声がかすかに出たばかり、群衆は、一人として彼の到着《とうちゃく》に気がつかない。すでにはりつけの柱が高々と立てられ、縄《なわ》を打たれたセリヌンティウスは、徐々《じょじょ》につり上げられてゆく。メロスはそれを目撃して③最後の勇、先刻、濁流《だくりゅう》を泳いだように群衆をかき分け、かき分け、

「私だ、刑吏《けいり》！　殺されるのは、私だ。メロスだ。彼を人質にした私は、ここにいる！」と、かすれた声で精いっぱいに叫びながら、ついにはりつけ台に登り、つり上げられてゆく友の両足に、かじりついた。群衆は、どよめいた。あっぱれ。許せ、と口々にわめいた。セリヌンティウスの縄は、ほどかれたのである。

「セリヌンティウス。」メロスは目に涙《なみだ》を浮かべて言った。

「ⓐ私を殴《なぐ》れ。力いっぱいに頰を殴れ。私は、途中で一度、悪い夢を見た。君がもし私を殴ってくれなかったら、私は君と抱擁《ほうよう》する資格

(1) ――線①「疾風のごとく刑場に突入した」とはどのような様子ですか。次から一つ選び、記号で答えなさい。　5点
ア　さりげなく紛れ込む様子。　**イ**　よろよろと倒れ込む様子。
ウ　人をなぎ倒して走り込む様子。　**エ**　勢いよく飛び込む様子。

(2) ――線②「その人」とありますが、誰のことですか。文章中から人物名を抜き出しなさい。　5点

(3) ――線③「最後の勇」とはメロスがどのように行動したことですか。考えて具体的に答えなさい。　10点

よく出る
(4) 〰〰線ⓐ・ⓑ「私を殴れ」とありますが、ⓐメロスもⓑセリヌンティウスも、なぜそのように言っているのですか。文章中の言葉を用いてそれぞれ答えなさい。　各5点

(5) ――線④「うれし泣きにおいおい声を放って泣いた」とありますが、この時の二人の気持ちとして適切なものを次から一つ選び、記号で答えなさい。　10点
ア　互いの命が助かったことのうれしさ。
イ　互いが群衆にほめたたえられたことへのうれしさ。
ウ　互いの友情と信頼を確かめることができたうれしさ。
エ　互いに殴り合い、すっきりしたことのうれしさ。

(6) ――線⑤「二人のさま」を見て、王の心情はどのように変化しましたか。変化の前後がわかるように、文章中の言葉を用いて答えなさい。　20点

考える
(7) ――線⑥「仲間の一人にしてほしい」とありますが、どのような仲間ですか。考えて答えなさい。　20点

さえないのだ。殴れ。」

　セリヌンティウスは、全てを察した様子でうなずき、刑場いっぱいに鳴り響くほど音高くメロスの右頬を殴った。殴ってから優しくほほえみ、

「メロス、ⓑ私を殴れ。同じくらい音高く私の頬を殴れ。私はこの三日の間、たった一度だけ、ちらと君を疑った。生まれて、初めて君を疑った。君が私を殴ってくれなければ、私は君と抱擁できない。」

　メロスは腕にうなりをつけてセリヌンティウスの頬を殴った。

「ありがとう、友よ。」二人同時に言い、ひしと抱き合い、それから④うれし泣きにおいおい声を放って泣いた。

　群衆の中からも、歔欷《きょき》の声が聞こえた。暴君ディオニスは、群衆の背後から⑤二人のさまを、まじまじと見つめていたが、やがて静かに二人に近づき、顔を赤らめて、こう言った。

「おまえらの望みはかなったぞ。おまえらは、わしの心に勝ったのだ。信実とは、決して空虚《くうきょ》な妄想ではなかった。どうか、わしをも仲間に入れてくれまいか。どうか、わしの願いを聞き入れて、おまえらの⑥仲間の一人にしてほしい。」

　どっと群衆の間に、歓声が起こった。

「ばんざい、王様ばんざい。」

　一人の少女が、緋《ひ》のマントをメロスにささげた。メロスは、まごついた。よき友は、気をきかせて教えてやった。

「メロス、君は、真《ま》っ裸《ぱだか》じゃないか。早くそのマントを着るがいい。このかわいい娘さんは、メロスの裸体《らたい》を、皆に見られるのが、たまらなく口惜《くや》しいのだ。」

　勇者は、ひどく赤面した。


（古伝説と、シルレルの詩から。）

太宰 治「走れメロス」〈太宰治全集　第三巻〉より

2 ——線のカタカナを漢字で書きなさい。　各5点

① コブシをにぎる。
② ジャシンを打ち消す。
③ 急に聞かれてトマドう。
④ 星がカガやく。

1 (1)	1 (2)	1 (3)	1 (4) ⓐ	1 (4) ⓑ	1 (5)	1 (6)	1 (7)	2 ①	2 ②	2 ③	2 ④

ぴたトレ1 要点チェック

言葉の小窓3 類義語・対義語・多義語・同音語

解答 p.22

1 これまでに習った漢字

読み仮名を書きなさい。

① 握る（　）
② 浮かぶ（　）
③ 相違（　）
④ 本棚（　）
⑤ 触れる（　）
⑥ 載る（　）

2 重要語句

正しい意味を下から選び、記号で答えなさい。

①（　）雲をつかむよう
②（　）ついぞ
③（　）状況《じょうきょう》
④（　）悩《なや》む
⑤（　）行為《こうい》
⑥（　）恐る恐る
⑦（　）抵触《ていしょく》
⑧（　）西欧《せいおう》

ア ある意志をもってするおこない。
イ ヨーロッパ西部の地域。
ウ とらえどころがないさま。
エ 変わりゆく物事のありさま。
オ 法律や規則に反すること。
カ 今まで一度も。
キ こわがりながら事を行う。
ク 思いわずらう。

スタートアップ

類義語
- 互いに意味が似ている語。
例「つかむ」と「握る」、「重ねる」と「積む」

対義語
- ある基準や観点をもとにしたとき、反対の意味になる言葉。
例「左」と「右」、「軽い」と「重い」
・観点を変えると、対義語が変わる場合がある。
例「高い」と「低い」／「安い」

多義語
- 一語で多くの意味をもつ言葉。
例 当たる（ぶつかる・命中する・うまくいく、など）

同音語
- 発音が同じで意味の異なる言葉。
例 最新（最も新しい）
細心（細かい点まで気を配る）

※同じ訓で異なる漢字をあてた「異字同訓」もある。

言葉の小窓3 類義語・対義語・多義語・同音語

タイムトライアル 10分

解答 p.22

1 **類義語について答えなさい。**

次の（ ）に「当たる」か「ぶつかる」をあてはめるとき、ふさわしい説明をあとから一つずつ選び、記号で答えなさい。

① 二人の意見が（ ）。
② 肩と肩が（ ）。
③ 日の（ ）部屋。
④ 失礼に（ ）。
⑤ 宝くじが（ ）。
⑥ 歩いていて電柱に（ ）。

ア 「当たる」のみ使える。 **イ** 「ぶつかる」のみ使える。
ウ ニュアンスは異なるが両方使える。

2 **対義語について答えなさい。**

次の熟語の対義語をあとから一つずつ選び、記号で答えなさい。

① 生産
② 破壊
③ 冷静
④ 定期
⑤ 温暖
⑥ 合成

ア 興奮 **イ** 建設 **ウ** 消費 **エ** 臨時
オ 分解 **カ** 寒冷

3 **多義語について答えなさい。**

次の――線の言葉と同じ意味で使われている言葉をあとから一つずつ選び、記号で答えなさい。

① 玄関から室内にあがる。
ア 招かれて家にあがる。 **イ** 成績があがる。
ウ 中学の三年にあがる。

② 機械の動きをとめる。
ア 自転車を駅前にとめる。 **イ** 絵を壁にとめる。
ウ 車のエンジンをとめる。

③ めがねを顔にかける。
ア かばんを肩にかける。 **イ** 友だちに電話をかける。
ウ 道を全力でかける。

1		2		3
①	④	①	④	①
②	⑤	②	⑤	②
③	⑥	③	⑥	③

ぴたトレ 1

要点チェック

漢字の広場4　同音の漢字

解答 p.22

1 新しく習った漢字 読み仮名を書きなさい。

① 既成（　　）
② 机上（　　）
③ 補填（　　）
④ 徐行（　　）
⑤ 排斥（　　）
⑥ 冷凍（　　）
⑦ 拾得（　　）
⑧ 開墾（　　）
⑨ 懇意（　　）
⑩ 需要（　　）
⑪ 儒教（　　）
⑫ 妨害（　　）
⑬ 脂肪（　　）
⑭ 紡績（　　）
⑮ 寮長（　　）
⑯ 僚友（　　）
⑰ 明瞭（　　）
⑱ 石灰（　　）
⑲ 深浅（　　）
⑳ 弓道（　　）

2 重要語句 正しい意味を下から選び、記号で答えなさい。

①（　　）奇観　　**ア** めずらしいながめ。
②（　　）飢寒　　**イ** とらえつかまえること。
③（　　）捕捉　　**ウ** 食べ物がなく、寒さに凍えること。

スタートアップ

同音異字

●同じ音をもつ漢字。

例 本を購入する。
講演会を聞きに行く。　…いずれも「コウ」と読む。

同音語（同音異義語）

●発音が同じで意味が異なる語。

例「きせい」＝規制（従うべききまり。）
帰省（故郷に帰ること。）
既成（すでにできあがっていること。）
気勢（意気ごんでいる気持ち。）
奇声（奇妙な声。）
寄生（他に依存すること。）

「さいしん」＝最新（いちばん新しいこと。）
細心（細かく心をくばること。）

文の意味を捉えて使い分けられるようにしよう。

タイムトライアル 10分

解答 p.22

1 同音異字について答えなさい。

(1) 次の□に指定された読みの漢字を書きなさい。

① れん　A □続　B 訓□
② ぜん　A □人　B 配□
③ そ　A □害　B 質□
④ ま　A 悪□　B □擦
⑤ けん　A 危□　B □査
⑥ かい　A □花　B □散

(2) 次の□には「フク」という読みの漢字があてはまります。その漢字をそれぞれ書きなさい。

① □面をつける。
② 授業の□習をする。
③ 食べ過ぎて□痛がする。
④ □雑な計算問題を解く。
⑤ □装に注意して外出する。
⑥ みんなの幸□を願う。

2 同音語（同音異義語）について答えなさい。

(1) 次の――線の同音の言葉を漢字に直しなさい。

① 歴史にかんしんがある。
② 見事な演奏にかんしんする。
③ みんなのかんしんを買う。

(2)
① 近くのこうえんで遊ぶ。
② 社会問題に関するこうえんを聞く。
③ 舞台のこうえんを見る。

1								2	
(1)						(2)		(1)	(2)
①	②	③	④	⑤	⑥	①	④	①	①
A	A	A	A	A	A				
						②	⑤	②	②
B	B	B	B	B	B				
						③	⑥	③	③

ぴたトレ 1
要点チェック

悠久《ゆうきゅう》の自然

星野《ほしの》 道夫《みちお》

解答 p.23

1 これまでに習った漢字 読み仮名を書きなさい。

①頃（　　）
②詳しい（　　）
③途中（　　）
④雑踏（　　）
⑤忙しい（　　）
⑥突然（　　）
⑦圧倒的（　　）
⑧片隅（　　）
⑨道端（　　）

2 重要語句 正しい意味を下から選び、記号で答えなさい。

①（　　）読みあさる
②（　　）気にかかる
③（　　）頭に浮かぶ
④（　　）原野
⑤（　　）やりくり
⑥（　　）悠久《ゆうきゅう》

ア 工夫をして都合をつけること。
イ 心配であること。
ウ あれこれと探して読む。
エ 果てしなく長く続くこと。
オ 考えが思いつくこと。
カ 人の手が入っていない野原。

3 筆者の考え （　）にあてはまる言葉を書きなさい。

●人間にとって大切な二つの自然

①（　　）な自然
……日々の暮らしの中で関わるもの。
例 道端の草花、近くの川の流れ

②（　　）自然
……日々の暮らしと関わらないもの。
例 北海道のヒグマ、アラスカの海のクジラ
→心に想像力という豊かさを与えてくれる。

得点UPポイント

筆者の考えを、体験をもとに読み取る！

☑「悠久の自然」は筆者が影響を受けた体験が描かれている文章である。
☑筆者がどのような体験をして、どのような考えをもつようになったかを読み取ろう。

左の文章は、友人とアラスカで旅をした体験が書かれているよ。

悠久《ゆうきゅう》の自然

タイムトライアル 8分

解答 p.23

1 読解問題 文章を読んで、問いに答えなさい。

教科書306ページ下1行～307ページ上4行

よく考えれば、あたりまえの話である。北海道にはまだたくさんの自然が残っているのだから。だが、その時はそんなふうには思えなかった。自然とは、世界とはおもしろいものだと思った。それを今言葉にすると、全てのものに平等に同じ時間が流れている不思議さだったのだろう。

数年前、①同じようなことを言った友人がいた。東京で忙しい編集者生活を送る彼女は、なんとか仕事のやりくりをしてアラスカの僕の旅に参加することになった。それは南東アラスカの海でクジラを追う旅だった。僅《わず》か一週間の休暇であったが、幸運にも彼女はクジラと出会うことができた。ある日の夕暮れ、②ボートの近くに現れた一頭の巨大《きょだい》なザトウクジラが突然空中に舞い上がったのだった。クジラの行動が何を意味するのかはわからないが、それは言葉を失う、圧倒的な一瞬《いっしゅん》だった。

その時、彼女はこう言った。「仕事は忙しかったけれど、③本当にアラスカに来てよかった。なぜかって？　東京で忙しい日々を送っているその時、アラスカの海でクジラが飛び上がっているかもしれない。そのことを知れただけでよかったんだ。」

星野　道夫「悠久の自然」〈長い旅の途上〉より

(1) ――線①「同じようなこと」とありますが、何と同じようなことですか。文章中から二十三字で探し、初めの五字を抜き出して答えなさい。

ヒント ――線部の前の段落から探し出そう。

(2) ――線②「ボートの近くに現れた一頭の巨大なザトウクジラが突然空中に舞い上がった」とありますが、この時のことを筆者は何と表現していますか。文章中から十二字で探し、初めの五字を抜き出して答えなさい。

ヒント ――線部より後ろのところから探し出そう。

(3) ――線③「本当にアラスカに来てよかった」とありますが、彼女はなぜそう思ったのですか。次の文の□にあてはまる言葉を文章中から二十五字で探し、初めと終わりの五字を答えなさい。

・自分が忙しくしている時でも、□と知れたから。

□～□

ヒント ――線部の後の部分を見よう。

ぴたトレ 3 確認テスト

悠久《ゆうきゅう》の自然

時間20分

／100点 合格75点

解答 p.23

1 思考・判断・表現

文章を読んで、問いに答えなさい。

教科書306ページ下6行〜307ページ上18行

　数年前、同じようなことを言った友人がいた。東京で忙しい編集者生活を送る彼女は、なんとか仕事のやりくりをしてアラスカの僕の旅に参加することになった。それは南東アラスカの海でクジラを追う旅だった。僅《わず》か一週間の休暇であったが、①幸運にも彼女はクジラと出会うことができた。ある日の夕暮れ、ボートの近くに現れた一頭の巨大《きょだい》なザトウクジラが突然空中に舞い上がったのだった。クジラの行動が何を意味するのかはわからないが、それは言葉を失う、②圧倒的な一瞬《いっしゅん》だった。

　その時、彼女はこう言った。「仕事は忙しかったけれど、本当にアラスカに来てよかった。なぜかって？　東京で忙しい日々を送っているその時、アラスカの海でクジラが飛び上がっているかもしれない。そのこと

(1) ――線①「幸運にも」とありますが、どういうことを「幸運」だと言っているのですか。文章中の言葉を用いて答えなさい。 10点

よく出る
(2) ――線②「圧倒的な一瞬」とありますが、どのような情景のことですか。文章中の言葉を用いて答えなさい。 10点

(3) ――線③「日々の暮らしに追われている時、もう一つの別の時間が流れている」について、次の問いに答えなさい。

① 「彼女」が知ったのはどのようなことですか。文章中の言葉を用いて答えなさい。 10点

② この「別の時間」の存在を筆者は何と呼んでいますか。文章中から五字で抜き出しなさい。 10点

考える
(4) ――線④「二つの大切な自然」とありますが、どのような自然ですか。文章中から二つ抜き出しなさい。 各10点

(5) ――線⑤「クジラを見た……送っているだろうか」とありますが、筆者は友人にどんな日々を送ってほしいと思っているでしょうか。文章中の言葉を用いて答えなさい。 20点

を知れただけでよかったんだ。」
僕には彼女の気持ちが痛いほどよくわかった。③日々の暮らしに追われている時、もう一つの別の時間が流れている。それを悠久《ゆうきゅう》の自然と言ってもよいだろう。そのことを知ることができたなら、いや想像でも心の片隅に意識することができたなら、それは生きてゆくうえで一つの力になるような気がするのだ。

人間にとって、きっと④二つの大切な自然があるのだろう。一つは、日々の暮らしの中で関わる身近な自然である。それは道端の草花であったり、近くの川の流れであったりする。そしてもう一つは、日々の暮らしと関わらない遥《はる》か遠い自然である。そこに行く必要はない。が、そこに在ると思えるだけで心が豊かになる自然である。それは僕たちに想像力という豊かさを与えてくれるからだと思う。

⑤クジラを見た僕の友人は、今どんな忙しい日々を送っているだろうか。

星野　道夫「悠久の自然」〈長い旅の途上〉より

2 ——線のカタカナを漢字で書きなさい。　各5点

① アコガれの職業。
② 心がユれ動く。
③ 疑問をイダく。
④ 都心のザットウに紛れる。

1 (1)	1 (2)	1 (3) ①	1 (3) ②	1 (4)	1 (5)	2 ①	2 ③	2 ②	2 ④

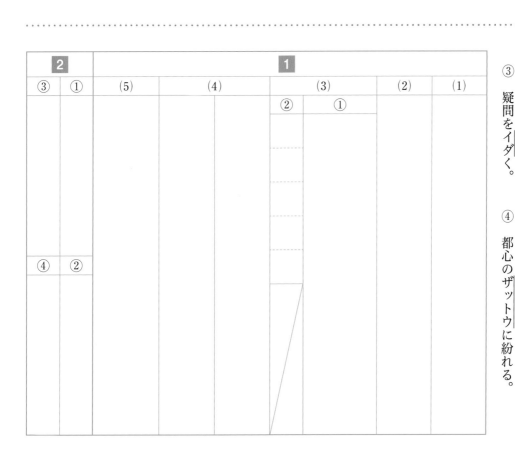

ぴたトレ 3 確認テスト

扇の的――平家《へいけ》物語――

時間20分

／100点
合格75点

解答 p.24

1 思考・判断・表現　文章を読んで、問いに答えなさい。

教科書310ページ～311ページ

頃は二月《にんぐわつ》(ガ)十八日の①酉《とり》の刻ばかりのことなるに、ⓐをりふし北風《ほくふう》激しくて、磯《いそ》打つ波も高かりけり。舟《ふね》は、揺《ゆ》り上げⓑ揺りすゑ漂《ただよ》へ(エ)ば、扇《あふぎ》(オウ)もくしに定まらずひらめいたり。沖には平家、舟を一面に並べて見物す。陸《くが》には源氏《げんじ》、くつばみを並べてこれを見る。②いづ(ズ)れもいづ(ズ)れも晴れならずといふ(ウ)ことぞなき。与一《よいち》、目を塞《ふさ》いで、

「南無八幡大菩薩《なむはちまんだいぼさつ》、わが国の神明《しんめい》、日光《につくわう》(ニッコウ)の権現《ごんげん》、宇都宮《うつのみや》、那須《なす》の湯泉大明神《ゆぜんだいみやうじん》(ミョウ)、願はく(ワ)は、あの扇のまん中射させてたばせたまへ(エ)。これを射損ずるものならば、弓切り折り自害して、人に二《ふた》たび面《おもて》を向かふ(ウ)べからず。いま一度《いちど》本国へ迎《むか》へ(エ)ん(モウ)とおぼしめさば、この矢はづ(ズ)させたまふな。」

と、③心のうちに祈念《きねん》して、目を見開いたれば、風も少し吹き弱り、扇も射よげにぞなつ(ッ)たりける。

与一、鏑《かぶら》を取つ(ッ)てつがひ(イ)、よつ(ッ)引《ぴ》いてひやう(ヒョウ)ど放つ。小兵《こひやう》(ヒョウ)といふⓒぢやう、十二束三伏《そくみつぶせ》、弓は強し、浦《うら》響くほど④長鳴りして、あやまたず扇の要《かなめ》ぎは(ワ)一寸ばかりおいて、ひいふつ(ッ)とぞ射切つ(ッ)たる。鏑は海

(1)　――線①「酉の刻」とは、現在の時刻で何時頃ですか。「午前十時頃」のように答えなさい。　10点

(2)　～～線ⓐ「をりふし」、ⓑ「揺りすゑ」、ⓒ「いふぢやう」を現代仮名遣《づか》いに直し、全て平仮名で答えなさい。　各5点

(3)　次の人物はA平家方、B源氏方のどちらですか。それぞれ記号で答えなさい。　各5点

①　与一　②　年五十ばかりなる男　③　伊勢三郎義盛

(4)　――線②「いづれもいづれも晴れならずといふことぞなき」について、次の問いに答えなさい。　各5点

①　「いづれもいづれも」とは、何と何を指していますか。

②　「晴れならずといふことぞなき」の意味として適切なものを次から一つ選び、記号で答えなさい。

ア　晴れがましいことである。

イ　晴れがましいことはない。

ウ　晴れがましいことがあろうか。

エ　晴れがましいことなのだろう。

よく出る

(5)　――線③「心のうちに祈念して」とありますが、与一はどのようなことを祈念したのですか。簡潔に答えなさい。　10点

(6)　――線④「長鳴りして」、⑤「ひらめきける」の主語にあたるものを、それぞれ同じ段落から漢字一字で抜き出しなさい。　各5点

考える

(7)　――線⑥「情けなし」とありますが、どのようなことが情け知らずだというのですか。簡潔に答えなさい。　10点

へ入りければ、扇は空へぞ上がりける。しばしは虚空《こくう》に⑤ひらめきけるが、春風に一もみ二もみもまれて、海へさつ《(ツ)》とぞ散つ《(ツ)》たりける。夕日のかかやいたるに、みな紅《ぐれなゐ(イ)》の扇の日出《い》だしたるが、白波《しらなみ》の上に漂ひ《(イ)》、浮きぬ沈みぬ揺られければ、沖には平家、舟端《ふなばた》をたたいて感じたり。陸《くが》には源氏、えびらをたたいてどよめきけり。

あまりのおもしろさに、感に堪へ《(エ)》ざるにやとおぼしくて、舟のうちより年五十ばかりなる男《をのこ(オ)》の、黒革《くろかは(ワ)(オ)》をどしの鎧《よろひ(イ)》着て、白柄《しらえ》の長刀《なぎなた》持つ《(ツ)》たるが、扇立てたりける所に立つ《(ツ)》て舞ひ《(イ)》しめたり。伊勢《いせ》三郎《のさぶらう(ロウ)》義盛《よしもり》、与一が後ろへ歩ませ寄つ《(ツ)》て、

「御定《ごぢやう(ジョウ)》ぞ、つかまつれ。」

と言ひ《(イ)》ければ、今度は中差《なかざし》取つ《(ツ)》てうちくはせ《(ワ)》、よつ《(ツ)》引《ぴ》いてしや《(シャ)》首の骨をひやうふ《(ヒョウ)》つ《(ツ)》と射て、舟底へ逆さまに射倒す。平家のかたには音もせず、源氏のかたにはまたえびらをたたいてどよめきけり。

「あ、射たり。」と言ふ《(ウ)》人もあり、また、「⑥情けなし。」と言ふ《(ウ)》者もあり。

「扇の的――平家物語――」より

2 ――線のカタカナを漢字で書きなさい。

各5点

① キシュウを受ける。

② 事故にアう。

③ 道のハタを歩く。

④ チョウハツにのる。

1 (1)	1 (2) ⓐ	1 (2) ⓑ	1 (2) ⓒ	1 (3) ①	1 (3) ②	1 (3) ③	1 (4) ①	1 (4) ②	1 (5)	1 (6) ④	1 (6) ⑤	1 (7)	2 ①	2 ②	2 ③	2 ④

ぴたトレ **3** 確認テスト

季節をうたう

照《てる》屋《や》 林《りん》賢《けん》／一《いち》戸《のへ》 謙《けん》三《ぞう》

時間20分

／100点

合格75点

解答 p.24

1 思考・判断・表現　詩を読んで、問いに答えなさい。

教科書312ページ〜314ページ

春でぇむん　　照屋 林賢

風《カジ》ぬソイソイ
いいあんべぇ
肌持《ム》ち清《ジュ》らさ
いいあんべぇ
波音《ウトゥ》ん
風ぬ声《クイ》ん
春でぇむん
春でぇむん
花ぬかばさ
いいあんべぇ
ふきるウグイス
いいあんべぇ
野山《ヌヤマ》ぬ 緑《ミドゥリ》
色《イル》まさてぃ
春でぇむん
春でぇむん
いいあんべぇ
春でぇむん
いいあんべぇ
春でぇむん

風が吹いて
いい気持ち
肌触りが清らか
いい気持ち
波の音も
風の声も
春だもの
春だもの
花の匂い
いい気持ち
鳴いているウグイス
いい気持ち
野山の緑
色あざやか
春だもの
春だもの
いい気持ち
春だもの
いい気持ち
春だもの

麗日《オデンキ》　　一戸 謙三

口笛《クツブエ》吹《ふ》エで、
裏《カ》背《グ》戸《チ》サ出《で》はれば、

青空ね、
凧《タゴ》のぶンぶの音《オド》アしてる。

大屋《おほや》根《ね》サ、
昼《シル》寝《ネ》コしてる三《サン》毛《ケ》猫《ネゴ》。

——ああ春だじゃな！
枝垂《スダレ》柳《やなぎ》も青グなた。

(1) 「春でぇむん」の詩の「いいあんべぇ」について、次の問いに答えなさい。

① 作者が「いいあんべぇ」だと言っているものは何ですか。「風ぬソイソイ／肌持ち清らさ」（上段1・3行め）「波音ん／風ぬ声ん」（上段5・6行め）以外に詩の上段から三つ抜き出しなさい。　完答20点

② なぜ「いいあんべぇ」なのですか。詩の上段から五字で抜き出しなさい。　10点

よく出る

(2) 「春でぇむん」の詩では、同じ言葉が繰り返されています。同

じ言葉が繰り返されることの印象や効果として適切なものを次から全て選び、記号で答えなさい。 10点

ア いかにものどかで心地よい気分になれる。
イ 民謡《みんよう》のような素朴なリズム感が感じられる。
ウ 沖縄の春の景色や、人々の様子がわかる。
エ 春の訪れを心から喜んでいる気持ちが伝わる。

(3) 「春でぇむん」の詩（上段）の鑑賞文として適切なものを次から一つ選び、記号で答えなさい。 15点

ア 自然の風物を擬人化《ぎじん》することによって、春の風景が生き生きと表現されている。
イ 同じ言葉の繰り返しが多すぎるため、かえって単調になっている。
ウ 原色の強烈な色彩感と南国らしい激しい情熱が感じられる。
エ その土地の方言であればこその民衆の情緒が、快いリズムの中で感じられる。

(4) 「麗日」の詩では、読み仮名が片仮名で書かれている箇所があります。これはどういうことを表していますか。次から一つ選び、記号で答えなさい。 10点

ア 外国から入ってきた言葉であること。
イ 東北の発音そのままで、普通と違う読み方であること。
ウ 何と言っているかがはっきりとわからないこと。
エ 耳で聞いて心地よい響きのある言葉であること。

(5) 「麗日」の詩の鑑賞文として適切なものを次から一つ選び、記号で答えなさい。 15点

ア 遅い春の訪れを喜び楽しむ東北の人々の気持ちが、柔らかく素朴な方言の中で生き生きと伝わってくる。
イ 東北方言の発音の難しさが強調された詩である。
ウ 東北地方独特の風物を描き、東北の春を紹介したいという作者の思いが伝わってくる。
エ 短い言葉を連ねる中で鋭く引きしまった感じがある。東北地方の自然の厳しさを感じさせる。

2 ――線のカタカナを漢字で書きなさい。 各5点

① カンシカメラがある。
② トクソク状が届く。
③ ツバサを広げる。
④ セキヒを見つける。

1							2			
(1) ①	(1) ①	(1) ①	(1) ②	(2)	(3)	(4)	(5)	①	②	③	④

ぴたトレ 3
確認テスト

字のない葉書

向田《むこうだ》 邦子《くにこ》

時間10分

／50点
合格40点

解答 p.25

1 思考・判断・表現

文章を読んで、問いに答えなさい。

教科書316ページ下14行〜317ページ上12行

下の妹は、校舎の壁《かべ》に寄りかかって梅干しの種子《たね》をしゃぶっていたが、姉の姿を見ると種子《たね》をぺっと吐《は》き出して泣いたそうな。

まもなくバツの葉書も来なくなった。三月めに母が迎えに行った時、百日咳《ぜき》を患っていた妹は、しらみだらけの頭で三畳の布団《ふとん》部屋に寝かされていたという。

妹が帰ってくる日、①私と弟は家庭菜園のかぼちゃを全部収穫《しゅうかく》した。小さいのに手をつけると叱る父も、②この日は何も言わなかった。私と弟は、一抱えもある大物からてのひらにのるうらなりまで、二十数個のかぼちゃを一列に客間に並べた。これ位しか妹を喜ばせる方法がなかったのだ。

夜遅く、出窓を見張っていた弟が、

「帰ってきたよ!」

と叫んだ。茶の間に座っていた父は、はだしで表へ飛び出した。防火用水桶《おけ》の前で、やせた妹の肩《かた》を抱《だ》き、声をあげて泣いた。私は父が、大人の男が声をたてて泣くのを初めて見た。

あれから三十一年。父は亡くなり、妹も当時の父に近い年になった。だが、あの字のない葉書は、誰がどこにしまったのかそれともなくなったのか、私は一度も見ていない。

向田 邦子「字のない葉書」〈眠る盃〉より

よく出る
(1) ——線①「私と弟は家庭菜園のかぼちゃを全部収穫した」とありますが、なぜですか。簡潔に答えなさい。 10点

(2) ——線②「この日は何も言わなかった」とありますが、なぜ父は何も言わなかったのですか。簡潔に答えなさい。 10点

考える
(3) ① 妹が帰ってきた時の父の気持ちがわかる行動を、文章から二つ抜き出しなさい。 各5点

② 妹が帰ってきた時の父の気持ちを説明しなさい。 20点

1				
(1)	(2)	(3) ①		(3) ②

今取り組めば
テストに役立つ!

\\ 定期テスト //

予想問題

チェック!

- テスト本番を意識して，時間を計ってチャレンジしよう!
- 間違えたところは「ぴたトレ1～3」を確認しよう!

定期テスト予想問題 1

タオル

文章を読んで、問いに答えなさい。

今朝からずっと――本当のことを言えば、①二日前に祖父が亡くなってからずっと、②家のどこにいればいいのかわからずにいた。

二階の自分の部屋は、親戚《しんせき》の着替えのための部屋になった。一階の部屋のふすまはあらかたはずされ、玄関の引き戸もさっきはずされた。通りに面した窓は白と黒の幕で覆われ、幕の前には花環《はなわ》がたくさん並べられた。台所には町内会のおばさんたちが出たり入ったりして、母の姿を探すだけでも大変だった。

「邪魔《じゃま》になるけん、外で遊んどりんさい。」と母に言われ、家の前でサッカーボールを蹴《け》っていたら、目を真っ赤に泣きはらした叔母《おば》に「③こげな日にふらふら遊んどったらバチが当たるよ。」と叱られた。しかたなく家に入ってテレビをつけると別の叔母に「音を出したらいけんよ。」と言われ、マンガを読んでいたら漁協の組合長が「おじいちゃんのそばにおってあげんさい。」と酒に酔《よ》った声で言って、④そのくせ祭壇《さいだん》の設けられた広間に行ってみると、大人たちが集まっていて、座る場所などどこにもなかった。

おじいちゃんが死んだ。

それは、わかる。

ずっと一緒に暮らしていた祖父だ。かわいがってもらっていた。

「中学生になったら、おじいちゃんの船で漁に連れていってやるけん。」と口癖のように言っていた祖父が、脳溢血《いっけつ》で、お別れの言葉を交《か》わす間《ま》もなく死んでしまった。

重松 清「タオル」〈はじめての文学 重松清〉より

時間15分

／100点

合格75点

解答 p.26

(1) ――線①「二日前に祖父が亡くなって」とありますが、祖父はどのように亡くなったのですか。文章中から二十六字で探し、初めの五字を抜き出しなさい。(読点を含む。) 25点

(2) ――線②「家のどこにいればいいのかわからずにいた」とありますが、少年はなぜどこにいればいいのかわからないのですか。簡潔に書きなさい。 25点

(3) ――線③「こげな日にふらふら遊んどったらバチが当たるよ」とありますが、この時の叔母の、祖父の死を悲しむ様子が表現されている部分を文章中から十二字で探し、初めの五字を抜き出しなさい。 25点

(4) ――線④「そのくせ」という言葉は、「それなのに」という意味ですが、この言葉には少年のどのような気持ちが表れていますか。簡潔に書きなさい。 25点

(1)	(2)	(3)	(4)

定期テスト予想問題 2

日本の花火の楽しみ

文章を読んで、問いに答えなさい。

時間15分

／100点

合格75点

解答 p.26

　花火師によると、理想とする花火の姿は、ゆがみなくまん丸く大きく開いたものだという。破綻《はたん》のない丸さは、日本の花火の最大の特徴として追求されてきた要素だ。さらに、はっきりした発色で一斉に変色し、一斉に消える。芯物《しんもの》の場合は、芯の部分全体ができるだけ丸く大きく開き、その中心が一点に合わさる。それぞれの条件は単純だが、同じように細心の作業をしても、全てを満たす満足のいく花火玉は、年に数えるほどしか生まれないとのことである。

　形の乱れやゆがみは、見た目の美しさを半減させる。花火作りは、内包する部品作りから組み立てにいたるまでほとんどが手作業で、その良しあしや精度が、開花した時の姿に大きく影響する。丁寧《ていねい》な作業を積み重ねることで、①理想の姿に近づけていくのだと花火師は言う。

　大きく整った②球体となって開花するためには、花火玉を、上昇《じょうしょう》から落下に転ずる一瞬《いっしゅん》止まった時に開かせることが欠かせない。動きの途中で開くと、花の形がゆがんで丸く開かない。③このタイミングを合わせるために、打ち上げる技術にも気を配る。

　花火玉が開いて、星が一斉に飛び散って作る全体の形のことを「盆」という。花火が開く時の直径は、花火玉の大きさでおおよそ決まっているが、④それをより大きく見せ、理想的な盆にするために、星を正確に敷き詰《つ》め、加えて、割火薬《わりかやく》の爆発力と、玉皮《たまかわ》の強度などのバランスを追い求める。

小野里　公成「日本の花火の楽しみ」より

(1) ――線①「理想の姿」とありますが、その条件をまとめた次の文の□にあてはまる言葉を、Aは十二字、Bは十三字、Cは五字で文章中から探し、それぞれ最初の五字を書きなさい。　各10点

・開いた時に、[A]開き、はっきりした発色で[B]、芯全体はできるだけ大きく[C]に合わさっている。

(2) ――線②「球体」を言い表した別の言葉を、文章中から一字で抜き出しなさい。　20点

(3) ――線③「このタイミングを合わせる」と同じ内容を表している部分を文章中から二十七字で探し、初めと終わりの五字を抜き出しなさい。(読点を含む。)　25点

(4) ――線④「それ」は何を指していますか。文章中から抜き出しなさい。　25点

(1) A	(1) B	(1) C	(2)	(3)	(4)
				～	

定期テスト
予想問題
3

水の山　富士山

文章を読んで、問いに答えなさい。(図は省略。)

　続いて、このような構造になっている富士山の地下で、水がどのように流れているかを調べることにした。約一万年前からの噴火で積み重なった溶岩《ようがん》流を、富士山麓《さんろく》の湧水《ゆうすい》と重ねてみる(図2)。すると、溶岩流の末端部に湧水があることがわかる。①もしかしたら、溶岩流が、地下水の流れる道となっているのかもしれない。

　そこで、実際に地下水の流れ方を調べてみた。白糸《しらいと》の滝や陣馬《じんば》の滝では、約一万年前以降の新しい溶岩と、新しい溶岩流に押しつぶされて硬《かた》くなった十万年前の溶岩との間から湧《わ》き出した水が、滝となっている。すなわち、地下水は古い地層にはしみ込まず、上にあるスポンジのような新しい地層との間を流れていたのである(図3)。

　②この地下水が富士山につながっているかどうかを確認するため、山腹と湧水の間の裾野《すその》に広がる青木ケ原《あおきがはら》樹海に入って調べてみた。樹海には、溶岩流が流れた跡にできる巨大《きょだい》な洞穴が数多く存在する。直径十メートル以上の洞穴が、長さにして五百メートル以上続くこともある。洞穴の中には、地下水が地層からしみ出ている場所もある。洞穴内の水は、千メートル以上の標高差を下ってきたことも、調査の結果からわかっている。すなわち、富士山はそれ自体が、③時期の異なる二つの地層に挟《はさ》まれた巨大な水脈であり、山頂や山腹にもたらされた降水は、溶岩流に沿って四方八方へと流下していたのである。

丸井 敦尚「水の山　富士山」より

(1) ——線①「もしかしたら、溶岩流が、地下水の流れる道となっているのかもしれない」と筆者が考えたのはなぜですか。文章中の言葉を用いて答えなさい。 30点

(2) ——線②「この地下水が富士山につながっているかどうかを確認する」とありますが、確認の結果、富士山と地下水はどのような順番でつながっていましたか。次から一つ選び、記号で答えなさい。 20点

ア 地層→山頂・山腹→洞穴→富士山麓の湧水
イ 山頂・山腹→地層→洞穴→富士山麓の湧水
ウ 山頂・山腹→地層→富士山麓の湧水→洞穴
エ 地層→山頂・山腹→富士山麓の湧水→洞穴

(3) ——線③「時期の異なる二つの地層」とありますが、この二つの時期を文章中から抜き出しなさい。 各10点

(4) 富士山の水の流れについて、筆者が調べた結果をまとめた次の文にあてはまる言葉を、Aは三字、Bは八字で抜き出しなさい。 各15点

・[A]の道に沿って、[B]していく。

(1)	(2)	(3)	(4) A	(4) B

時間15分

／100点

合格75点

解答 p.26

定期テスト
予想問題
4

夢を跳《と》ぶ

文章を読んで、問いに答えなさい。

時間15分
／100点
合格75点

解答 p.27

手術とそのあとの抗《こう》がん剤《ざい》の苦しい治療《ちりょう》が終わり、十か月ぶりにようやく大学のキャンパスに戻《もど》った時は、喜びがこみあげてきた。ところが、友達の話題の中心は就職活動で、将来や未来へ向かう明るいものばかりだった。義足とウィッグを着けるようになった私は、①一人取り残されたように感じた。授業が終わればすぐにアパートに引き籠《こ》もるようになり、泣いてばかりいた。同時に、②「このままでは本当にだめになる。何か目標をもってここから脱出《だっしゅつ》しなくてはいけない。でも何ができるのか。」と繰《く》り返し考えていた。

　そんな日々が一か月近くも続いた頃、スポーツだったら私は目標をもってがんばれるだろうと気がついた。すぐに、インターネットで障がい者のためのスポーツ施設《しせつ》を探し、③プールに行くことにした。プールサイドで義足をはずして泳ぎ始めると、うまく水をキックできないし、バランスも上手にとれない。でも、少しずつではあったが、体が水に慣れていった。

　ある日、義肢《ぎし》装具士のかたに誘われて陸上競技場に行き、スポーツ義足で走るランナーを初めて目にした。軽やかに疾走《しっそう》する姿に刺《し》激《げき》を受け、私も走ってみることにした。まずは日常生活用の義足で走る練習をし、走れるくらいまで体が戻ってきたところでスポーツ義足を着けるようになった。スポーツ義足でバランスをとるのは難しく、最初は転んでばかりだった。痛みもひどかった。

谷 真海「夢を跳ぶ」より

(1) ――線①「一人取り残されたように感じた」とありますが、筆者はなぜこのように感じたのですか。次の文の□にあてはまる言葉を、文章中から五字で抜き出しなさい。

・自分の明るい□を思い描くことができなかったから。　25点

(2) ――線②「このままでは本当にだめになる」とありますが、このような状態から抜け出すために、筆者が思いついた内容が書かれている部分を、文章中から二十四字で探し、初めと終わりの五字を抜き出しなさい。　25点

(3) ――線③「プールに行くことにした」時の筆者の苦労がわかる部分を二十六字で文章中から探し、初めと終わりの五字を抜き出しなさい。　25点

(4) 筆者はなぜ走る練習を始めたのですか。文章中の言葉を用いて具体的に書きなさい。　25点

(1)	(2)	(3)	(4)
	～	～	

定期テスト
予想問題
5

紙の建築

文章を読んで、問いに答えなさい。

時間15分

／100点

合格75点

解答
p.27

さらにその時、被災者から、①避難《ひなん》所でプライバシーの確保に苦労していることを聞き、避難所にプライバシーはなくてはならないという確信をもちました。そこで次は、紙管《しかん》の間仕切りを開発しました。紙管を組み立てて布を掛けるだけの、一つが二メートル四方という実に簡素な住まいですが、プライバシーを確保することができます。その後、新潟県中越《ちゅうえつ》地震や福岡県西方沖《せいほうおき》地震の被災地での設営を経て、手軽に安く組み立てられる仕組みにしたり、家族の人数に応じて広さを変えられるようにしたりするなど、被災者の生活環境がよくなるよう、②改良を重ねていきました。

二〇一一年三月、③東日本大震災が起きました。多くの被災者が、体育館のような仕切りのない場所での避難生活を余儀《よぎ》なくされました。そこではプライバシーがなく、心身ともにまいってしまいます。私は間仕切りを車に積んで、学生ボランティアとともに避難所を回りました。しかし、自治体の担当者に提案してもなかなか理解してもらえず、八十か所ある避難所のうち、④最初に回った三十か所で断られ続けました。

ようやく受け入れてもらえたのは、岩手県の高校の体育館です。避難所を管理していた高校の物理の先生が、すぐやろうと言ってくれました。

この活動が報道されたことで受け入れが進み、約五十か所の避難所に提供できました。

坂茂「紙の建築」より

(1) ――線①「避難所でプライバシーの確保に苦労している」ことを聞いた筆者はどのような行動をしましたか。文章中の言葉を用いて答えなさい。 25点

(2) ――線②「改良を重ねていきました」とありますが、具体的にはどのようなことですか。二つ答えなさい。 25点

(3) ――線③「東日本大震災」で、筆者ができたことはどのようなことですか。文章中の言葉を用いて書きなさい。 25点

(4) ――線④「最初に回った三十か所で断られ続けました」とありますが、それはなぜですか。文章中の言葉を用いて書きなさい。 25点

(1)	(2)		(3)	(4)

定期テスト予想問題 6

敦盛《あつもり》の最期《さいご》——平家《へいけ》物語——

文章を読んで、問いに答えなさい。

時間15分　／100点　合格75点

解答 p.28

熊谷《くまがへ(エ)》、「あつ《(ツ)》ぱれ、大将軍や。この人一人《いちにん》討ちたてまつ《(ツ)》たりとも、負くべきいくさに勝つべきやう《(ヨウ)》もなし。また討ちたてまつらずとも、勝つべきいくさに負くることもよもあらじ。小次郎《こじらう(ロウ)》が薄手《うすで》負うたるをだに、直実《なほざね(オ)》は心苦しう《(シュウ)》こそ思ふ《(ウ)》に、この殿《との》の父、討たれぬと聞いて、いかばかりか嘆《なげ》きたまは《(ワ)》んずらん。①あは《(ワ)》れ助けたてまつらばや。」と思ひ《(イ)》て、後ろをきつ《(ツ)》と見ければ、土肥《とひ(イ)》、梶原《かぢはら(ジ)(ワ)》五十騎《き》ばかりで続いたり。熊谷涙《なみだ》をおさへ《(エ)》て申しけるは、

「助けまゐら《(イ)》せんとは存じ候《さうら(ソウラエ)》へども、味方の軍兵《ぐんびやう(ビョウ)》、雲霞《うんか》のごとく候ふ《(ソウロウ)》。よも逃れさせたまは《(ワ)》じ。人手にかけまゐら《(イ)》せんより、同じくは、直実が手にかけまゐら《(イ)》せて、後《のち》の御孝養《おんけうやう(キョウヨウ)》をこそつかまつり候はめ《(ソウラワ)》。」

と申しければ、

「ただとくとく首をとれ。」

とぞのたまひ《(イ)》ける。

熊谷あまりにいとほ《(オ)》しくて、いづ《(ズ)》くに刀を立つべしともおぼえず、目もくれ心も消えはてて、前後不覚におぼえけれども、さてしもあるべきことならねば、②泣く泣く首をぞかいてんげる。

「あは《(ワ)》れ、弓矢とる身ほど口惜《くちを(オ)》しかりけるものはなし。武芸の家に生まれずは、何とてかかる憂《う》きめをばみるべき。情けなう《(ノウ)》も討ちたてまつるものかな。」

とかきくどき、袖を顔に押しあてて③さめざめとぞ泣きゐ《(イ)》たる。

「敦盛の最期——平家物語——」より

(1) ——線①「あはれ助けたてまつらばや」とありますが、なぜ直実はこのように思ったのですか。次の文の□にあてはまる言葉をaは三字、bは一字で古文中から抜き出しなさい。　各10点

・若武者を討とうが討つまいが［a］の勝敗には関係ないが、彼が討たれたら、彼の［b］が嘆き悲しむだろうから。

(2) ——線②「泣く泣く首をぞかいてんげる」について、次の問いに答えなさい。　①20点②30点

① 「泣く泣く」には直実のどのような気持ちが表れていますか。古文中から十字で抜き出しなさい。

② なぜ直実は若武者を討ち取らなければならなかったのですか。二人の周囲の状況を踏まえて、簡潔に答えなさい。

(3) ——線③「さめざめとぞ泣きゐたる」とありますが、この時の直実の気持ちを、その前の発言を踏まえて簡潔に書きなさい。　30点

(1)		(2)		(3)
a	b	①	②	

定期テスト予想問題 7

随筆《ずいひつ》の味わい——枕草子《まくらのそうし》・徒然草《つれづれぐさ》——

文章を読んで、問いに答えなさい。

時間15分　／100点　合格75点

解答 p.28

「奥山に猫またといふ《（ウ）》ものありて、人を食らふ《（ウ）》なる。」と、人の言ひ《（イ）》けるに、「山ならねども、これらにも、猫の経上《へあ》がりて、猫またになりて、人とることはあなるものを。」と言ふ《（ウ）》者ありけるを、何阿弥陀仏《なにあみだぶつ》とかや、連歌《れんが》しける法師《ほふし（ウ）》の、行願《ぎやうぐわん（ギョウガン）》寺のほとりにありけるが聞きて、①一人歩《あり》かん身は心すべきことにこそと思ひ《（イ）》ける頃しも、ある所にて夜更《よふ》くるまで連歌して、ただ一人帰りけるに、小川《こがは（ワ）》の端《はた》にて、②音に聞きし猫また、あやまたず足もとへふと寄り来て、やがてかきつくままに、首のほどを食は《（ワ）》んとす。肝心《きもごころ》も失《う》せて、防がんとするに、力もなく、足も立たず、小川へ転び入りて、「助けよや。猫また。よやよや。」と叫べば、家々《いへいへ（エ）（エ）》より、松ども灯《とも》して走り寄りて見れば、このわたりに見知れる僧なり。「こはいかに。」とて、川の中より抱《いだ》き起こしたれば、連歌の賭物《かけもの》取りて、扇《あふぎ（オウ）》・小箱など懐《ふところ》に持ちたりけるも、水に入りぬ。希有《けう》にして助かりたるさまにて、這ふ這ふ《はうはう（ホウホウ）》家に入りにけり。飼ひ《（イ）》ける犬の、暗けれど主《ぬし》を知りて、飛びつきたりけるとぞ。

（第八九段）

兼好法師「徒然草」より

(1) 「猫また」についての説明として適切なものを次から一つ選び、記号で答えなさい。 25点

ア 猫または、奥山に住んでいないばけものである。
イ 猫または、奥山だけでなく人里近くにも出てくる。
ウ 人を食うというのは、奥山の猫まただけである。
エ 奥山に住んでいる猫は、年を経るといずれ猫またになる。

(2) 法師が住んでいるのは、どのあたりですか。古文中から七字で抜き出しなさい。 25点

(3) ——線①「一人歩かん身は心すべきことにこそ」とありますが、法師はどのようなことに気をつけるべきだと考えていますか。次の文の□にあてはまる言葉を答えなさい。 25点

・猫またに□ように気をつけるべきだ。

(4) ——線②「音に聞きし猫また、……首のほどを食はんとす」と法師が思ったのは、実際にはどういうことでしたか。二十五字以内で書きなさい。 25点

(1)	(2)	(3)	(4)

定期テスト
予想問題
8

二千五百年前からのメッセージ——孔子《こうし》の言葉——

文章を読んで、問いに答えなさい。

時間15分

／100点

合格75点

解答
p.28

子曰《い(ワ)》はく、「己《おのれ》の欲《ほつ(ッ)》せざる所、①人に施すこと勿《な》かれ。」と。

子曰ハク、「己ノ所レ不《ざ》ルレ欲セ、勿カレレ施スコト二②於人ニ一。」（顔淵《がんえん》）

先生がおっしゃるには、「自分がされたくないことを、人にしてはいけない。」と。

子曰はく(ワ)、「之《これ》を知るを之を知ると為《な》し、知らざるを知らずと為す。是《こ》れ知るなり。」と

子曰ハク、「知ルヲレ之ヲ為シレ知ルトレ之ヲ、不《ざ》ルヲレ知ラ為スレ不《ず》トレ知ラ。是レ知ル也《なり》ト。」（為政《いせい》）

先生がおっしゃるには、「知っていることを知っているとし、知らないことを知らないとする。それが、知っているということなのだ。」と。

「二千五百年前からのメッセージ——孔子の言葉——」より

(1) ——線①「人」と対照的な意味を表している言葉を、書き下し文から一字で抜き出しなさい。 20点

(2) ——線②「於」のように、書き下し文にするときに書かない字を何といいますか。 20点

(3) 「己の欲せざる所……」の言葉は、何の大切さを示していますか。次から一つ選び、記号で答えなさい。 20点

ア 勤勉さ　**イ** ボランティア精神

ウ 努力　**エ** 思いやり

(4) 書き下し文にするときに平仮名にする漢字を、漢文中から二つ抜き出しなさい。 各10点

(5) 「之を知るを……」の言葉が表していることとして適切なものを次から一つ選び、記号で答えなさい。 20点

ア 知識をひけらかすと人が離れる。

イ 知ったかぶりをしないことだ。

ウ 無知であることは罪だ。

エ 意欲的に知識を求めるべきだ。

(1)	(2)	(3)	(4)	(5)

定期テスト
予想問題
9

坊《ぼ》っちゃん

文章を読んで、問いに答えなさい。

時間15分
／100点
合格75点

解答
p.29

その時はもうしかたがないと観念して、先方の言うとおり勘当されるつもりでいたら、十年来召し使っている清《きよ》という女が、泣きながらおやじに謝《あやま》って、ようやくおやじの怒《いか》りが解けた。それにもかかわらず、あまりおやじを怖いとは思わなかった。①かえって、この清という女に気の毒であった。この女は、もと由緒《ゆいしょ》のある者だったそうだが、瓦解《がかい》の時に零落《れいらく》して、つい奉公《ほうこう》までするようになったのだと聞いている。だから、ばあさんである。このばあさんが、どういう因縁《いんえん》か、俺を非常にかわいがってくれた。②不思議なものである。母も死ぬ三日前にあいそをつかした――おやじも年じゅうもてあましている――町内では乱暴者の悪太郎《あくたろう》とつまはじきをする――この俺を、むやみに珍重してくれた。俺はとうてい人に好かれるたちでないと諦《あきら》めていたから、他人から木の端のように取り扱われるのはなんとも思わない、かえってこの清のようにちやほやしてくれるのを不審に考えた。清はときどき、台所で人のいないときに、「あなたは、まっすぐでよいご気性《きしょう》だ。」と褒《ほ》めることがときどきあった。しかし、俺には清の言う意味がわからなかった。いい気性なら、清以外の者も、もう少しよくしてくれるだろうと思った。清がこんなことを言うたびに、俺は③お世辞は嫌いだと答えるのが常であった。するとばあさんは、それだからいいご気性ですと言っては、うれしそうに俺の顔を眺めている。自分の力で俺を製造して誇ってるように見える。④少々気味が悪かった。

夏目　漱石「坊っちゃん」〈漱石全集　第二巻〉より

(1)　――線①「かえって、この清という女に気の毒であった」とありますが、「俺」がこのように思ったのはなぜですか。次から一つ選び、記号で答えなさい。　25点

ア　清が「俺」のために、おやじに必死で謝ってくれたから。
イ　清がおやじを怖がっていることを「俺」は知っていたから。
ウ　清がおやじに勘当された「俺」の面倒を見てくれたから。
エ　清が「俺」をどうにか更生させようと苦労したから。

(2)　――線②「不思議なもの」とありますが、「俺」はどのようなことを不思議だと考えていますか。文章中の言葉を用いて答えなさい。　25点

(3)　――線③「お世辞」とありますが、「俺」がお世辞だと思ったのはどのような言葉ですか。文章から抜き出しなさい。　25点

(4)　――線④「少々気味が悪かった」とありますが、「俺」は、どのようなことを少々気味が悪いと思ったのですか。簡潔に書きなさい。　25点

(1)	(2)	(3)	(4)

定期テスト予想問題 10

時間15分
／100点
合格75点
解答 p.29

短歌の味わい

短歌を読んで、問いに答えなさい。

A　ああ皐月《さつき》仏蘭西《フランス》の野は火の色す君も雛罌粟《コクリコ》われも雛罌粟　与謝野《よさの》晶子《あきこ》

B　みちのくの母のいのちを一目見ん一目みんとぞただにいそげる　斎藤《さいとう》茂吉《もきち》

C　不来方《こずかた》のお城の草に寝ころびて
空に吸は《（ワ）》れし
十《じふ（ジュウ）》五《ご》の心　石川《いしかわ》啄木《たくぼく》

D　海を知らぬ少女の前に麦藁帽《むぎわらぼう》のわれは両手をひろげていたり　寺山《てらやま》修司《しゅうじ》

(1)　A〜Dの歌の中で、体言止めが用いられているものを全て答えなさい。　20点

(2)　Aの歌で、「火の色」とありますが、何の色ですか。短歌の中から抜き出しなさい。　20点

(3)　Bの歌の、「母のいのちを一目見ん」の意味として、適切なものを次の中から選び、記号で答えなさい。　20点

ア　母の死に顔を一目見たい。
イ　生きている母の姿を一目見たい。
ウ　母の安否を自分の目で確かめたい。
エ　母の命を自分の力で延ばしたい。

(4)　Cの歌を説明した次の文の□に当てはまる言葉を、短歌の中から①は二字、②と③は一字で抜き出しなさい。　完答20点

・作者が①歳の時に、不来方城の②の上に寝ころんで、③を見ていたことを思い出している。

(5)　Dの歌で、「両手をひろげて」いる時の気持ちとして、適切なものを次の中から選び、記号で答えなさい。　20点

ア　少女を抱きしめたい。　**イ**　考えを改めさせたい。
ウ　海の広さを伝えたい。　**エ**　一緒に海で喜びたい。

(1)	(2)	(3)	(4)	(5)
			①	
			②	
			③	

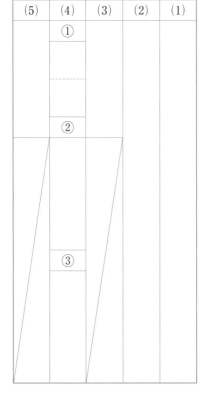

定期テスト
予想問題
11

夏の葬列《そうれつ》

文章を読んで、問いに答えなさい。

時間15分

／100点
合格75点

解答 p.30

　葬列は確実に一人の人間の死を意味していた。それを前に、いささか彼は不謹慎《ふきんしん》だったかもしれない。しかし十数年間もの悪夢から解き放たれ、彼は、青空のような一つの幸福に化してしまっていた。……もしかしたら、その有頂天《うちょうてん》さが、彼にそんな①よけいな質問を口に出させたのかもしれない。

「なんの病気で死んだの？　この人。」

②うきうきした、むしろ軽薄な口調で彼は尋ねた。

「このおばさんねえ、気がちがっちゃってたんだよ。」

ませた目をした男の子が答えた。

「一昨日《おととい》ねえ、川に飛び込んで自殺しちゃったのさ。」

「③へえ。失恋《しつれん》でもしたの？」

「バカだなあおじさん。」運動靴の子どもたちは、口々にさもおかしそうに笑った。

「だってさ、④このおばさん、もうおばあさんだったんだよ。」

「おばあさん？　どうして。あの写真だったら、せいぜい三十くらいじゃないか。」

「ああ、あの写真か。……あれねえ、うんと昔のしかなかったんだってよ。」

　はなを垂らした子があとを言った。

「だってさ、あのおばさん、なにしろ戦争でね、一人きりの女の子がこの畑で機銃《きじゅう》で撃《う》たれて死んじゃってね、それからずっと気がちがっちゃってたんだもんさ。」

山川　方夫「夏の葬列」〈山川方夫全集　第四巻　愛のごとく〉より

---

(1)　——線①「よけいな質問」とありますが、「よけい」だと言えるのはなぜですか。次から一つ選び、記号で答えなさい。　20点

ア　質問をしたせいで自分の思いちがいがわかってしまったから。
イ　質問の内容が見当ちがいで、子どもたちに笑われたから。
ウ　質問したことで、気分の悪い思い出がよみがえったから。
エ　質問の内容が浅はかで子どもたちを傷つけてしまったから。

(2)　——線②「うきうきした、……彼は尋ねた」とありますが、この時の彼の気持ちを文章中から三字と十一字で抜き出しなさい。　各15点

(3)　——線③「へえ。失恋でもしたの？」とありますが、彼はなぜこのように思ったのですか。簡潔に書きなさい。　30点

(4)　——線④「このおばさん」とありますが、「一人きりの女の子」から見てどのような人物ですか。次から一つ選び、記号で答えなさい。　20点

ア　祖母　　イ　母親　　ウ　友人　　エ　姉

(1)	(2)	(3)	(4)

定期テスト
予想問題
12

ガイアの知性

文章を読んで、問いに答えなさい。

時間15分
／100点
合格75点

解答 p.30

①現代人の中で、鯨《くじら》や象が自分たちに匹敵する「知性」をもった存在である、と素直《すなお》に信じられる人は、まずほとんどいないだろう。それは、我々が、言葉や文字を生み出し、道具や機械をつくり、交通や通信手段を進歩させ、今やこの地球の全生命の未来を左右できるほどに科学技術を進歩させた、この能力を「知性」だと思いこんでいるからだ。

これらの点からみれば、自らは何も生産せず、自然が与えてくれるものだけを食べて生き、あとは何もしないでいるようにみえる（実はそうではないのだが）鯨や象が、自分たちと対等の「知性」をもった存在とはとても思えないのは、当然のことである。

しかし、一九六〇年代に入って、さまざまな動機から、②鯨や象たちと深いつき合いをするようになった人たちの中から、この「常識」に対する疑問が生まれ始めた。

鯨や象は、人の「知性」とは全く別種の「知性」をもっているのではないか、あるいは、人の「知性」は、このガイアに存在する大きな「知性」の偏《かたよ》った一面の現れであり、もう一方の面に鯨や象の「知性」が存在するのではないか、という疑問である。

③この疑問は、最初、水族館に捕《と》らえられたオルカ（シャチ）やイルカに芸を教えようとする調教師や医者や心理学者、その手伝いをした音楽家、鯨の脳に興味をもつ大脳生理学者たちの実体験から生まれた。

龍村 仁「ガイアの知性」より

(1) ――線①「現代人……いない」について、次の問いに答えなさい。

① 現代人が「鯨や象が……匹敵する『知性』をもった存在」ではないと考える理由を次から一つ選び、記号で答えなさい。 25点

ア 地球の未来を真剣に考えることが「知性」だと思うから。
イ 進歩し生産する人間の能力こそが「知性」だと考えるから。
ウ 象や鯨と深くつきあい、生態を知ろうとしなかったから。
エ 象や鯨も、地球の生命の一部にすぎないから。

② 現代人は、鯨や象はどのような存在だと思っていますか。「〜存在。」に続くように文章中から四十字以上四十五字以内で探し、初めと終わりの五字を抜き出しなさい。（句読点を含む。） 25点

(2) ――線②「鯨や象たちと……なった人たち」とありますが、この人々を具体的に示している部分を、文章中から六十三字で探し、初めと終わりの五字を答えなさい。（句読点や記号を含む。） 25点

(3) ――線③「この疑問」とはどのような疑問ですか。文章中の言葉を用いて答えなさい。 25点

(1) ①	(1) ②	(2)	(3)
	〜	〜	

定期テスト
予想問題
13

学ぶ力

文章を読んで、問いに答えなさい。

「学ぶ力」も、そのような時間的変化のうちにおいてのみ、意味をもつ指標だと私は思います。そのうえで①「学ぶ力」とはどういう条件で「伸びる」ものなのか、具体的にみてみましょう。

「学ぶ力が伸びる」ための第一の条件は、自分には「まだまだ学ばなければならないことがたくさんある」という「学び足りなさ」の自覚があること。②「無知の自覚」といってもよい。これが第一です。

「私はもう知るべきことはみな知っているので、これ以上学ぶことはない。」と思っている人には「学ぶ力」がありません。このような人が、本来の意味での「学力がない人」だと私は思います。物事に興味や関心を示さず、人の話に耳を傾《かたむ》けないような人は、どんなに社会的な地位が高くても、有名な人であっても「学力のない人」です。

第二の条件は、教えてくれる「師（先生）」を自ら見つけようとすること。

③学ぶべきことがあるのはわかっているのだけれど、誰に教わったらいいのかわからない、という人は残念ながら「学力がない」人です。いくら意欲があっても、これができないと学びは始まりません。

内田 樹「学ぶ力」より

(1) ――線①「『学ぶ力』とは……ものなのか」とありますが、この「条件」にあたる部分を、文章から十六字と二十字で二つ抜き出し、初めと終わりの五字を答えなさい。 各10点

(2) ――線②「無知の自覚」について、次の問いに答えなさい。

① 「無知の自覚」がない人は具体的にどのような人ですか。文章中から二か所探し、初めと終わりの五字を抜き出しなさい。（記号を含む。） 各15点

② ①のような人を筆者はどのような人だと言っていますか。六字で抜き出しなさい。 25点

(3) ――線③「学ぶべきこと……人です」とありますが、これはなぜですか。文章中の言葉を用いて答えなさい。 25点

時間15分

／100点

合格75点

解答 p.31

(1)		(2) ①		(2) ②	(3)
〜	〜	〜	〜		

定期テスト予想問題 14

豚

詩を読んで、問いに答えなさい。

時間15分
／100点
合格75点

解答 p.31

豚

木坂《きさか》 涼《りょう》

ハム、ソーセージ
ベーコン
焼き豚

豚

背ロース、肩ロース
肩肉、ばら肉、もも肉、すね肉
ヒレ

豚

ステーキ
カツレツ
酢豚

豚

骨、頭、皮、耳、鼻、しっぽ
ひづめ、血液
スープ、ラード

泥に背中をこすりつけるのが
　目を細めるとき
でした
子だくさん
でした

(1) 「豚」に関して、食用の豚肉の部位として挙げている連はどこですか。漢数字で答えなさい。 25点

(2) 23行め「泥に背中をこすりつけるのが目を細めるとき」とありますが、これはどういうことですか。次から一つ選び、記号で答えなさい。 25点

ア 豚は生前、泥を背中にこすりつけるのが好きだったこと。
イ 豚は子どもの背中に泥をこすりつける習慣があること。
ウ 豚は背中に泥をこすりつけるのがとても嫌いだったこと。

(3) 25行め「子だくさん」とありますが、何が「子だくさん」なのですか。詩の中から探し、抜き出しなさい。 25点

(4) 偶数連での「豚」という言葉のイメージの変化として適切なものを次から一つ選び、記号で答えなさい。 25点

ア 料理→身体の部位→加工食品→食肉の部位
イ 加工食品→食肉の部位→料理→身体の部位
ウ 身体の部位→料理→食肉の部位→加工食品

(1)	(2)	(3)	(4)

定期テスト予想問題 15

走れメロス

文章を読んで、問いに答えなさい。

時間15分　／100点　合格75点

解答 p.32

聞いて、メロスは激怒した。「あきれた王だ。生かしておけぬ。」

①メロスは、単純な男であった。買い物を、背負ったままで、のそのそ王城に入っていった。たちまち彼は、巡邏《じゅんら》の警吏《けいり》に捕縛された。調べられて、メロスの懐中《かいちゅう》からは短剣が出てきたので、騒ぎが大きくなってしまった。メロスは、王の前に引き出された。

「この短刀で何をするつもりであったか。言え！」暴君ディオニスは静かに、けれども威厳をもって問いつめた。その王の顔は蒼白《そうはく》で、眉間《みけん》のしわは、刻み込まれたように深かった。

「町を暴君の手から救うのだ。」とメロスは悪びれずに答えた。

「おまえがか？」王は、憫笑《びんしょう》した。「しかたのないやつじゃ。おまえには、わしの②孤独がわからぬ。」

「言うな！」とメロスは、いきりたって反駁《はんばく》した。「③人の心を疑うのは、最も恥ずべき悪徳だ。王は、民《たみ》の忠誠をさえ疑っておられる。」

「疑うのが、正当の心がまえなのだと、わしに教えてくれたのは、おまえたちだ。人の心は、あてにならない。人間は、もともと私欲の塊《かたまり》さ。信じては、ならぬ。」④暴君は落ち着いてつぶやき、ほっとため息をついた。「わしだって、平和を望んでいるのだが。」

太宰 治「走れメロス」〈太宰治全集　第三巻〉より

(1) ——線①「メロスは、単純な男であった」とありますが、その性質がわかる行動を文章中から一文で探し、初めの五字を抜き出しなさい。(句読点を含む。) 10点

(2) ——線②「孤独」とありますが、王の「孤独」が表情に表れている一文を文章中から探し、初めの五字を抜き出しなさい。(句読点を含む。) 30点

(3) ——線③「人の心を疑う」ことについて、メロスと王はどのような考えをもっていますか。文章中からそれぞれ十字以内で抜き出しなさい。 各15点

(4) ——線④「暴君は落ち着いてつぶやき、ほっとため息をついた」とありますが、この時の王の気持ちを、「人の心」という言葉を用いて答えなさい。 30点

(1)	(2)	(3)		(4)
		メロス	王	

教科書ぴったりトレーニング
〈教育出版版・中学国語2年〉

解答集

この解答集は
取り外してお使いください。

虹《にじ》の足

p.6

ぴたトレ1

1 ①にじ ②かんそう ③めんるい ④だ（いだ） ⑤ほお

2 ①エ ②カ ③イ ④オ ⑤ア ⑥ウ

p.7

ぴたトレ2

1 (1)①ウ ②イ
(2)虹の足
(3)A他人 B自分

タオル

p.8

ぴたトレ1

1 ①し ②しんせき ③さいだん ④かた ⑤がっしょう ⑥と ⑦つ ⑧こばち ⑨しゅん ⑩あま ⑪けんぱい ⑫ふうとう ⑬ふんいき ⑭つ ⑮れんらく ⑯くや ⑰ふ ⑱ふろ ⑲あや ⑳めいど

2 ①ウ ②ア ③イ

3 ①漁師 ②記者

p.9

ぴたトレ2

1 (1)エ
(2)おととい
(3)ウ

p.10～11

ぴたトレ3

1 (1)例何十年も船に乗っていたため、体に潮と魚とさびのにおいが染みついていたから。
(2)おとといま～っている。
(3)①イ
②せっかくじ
(4)例祖父のデコにタオルを巻く。
(5)父は拍手を
(6)例祖父の死を実感して泣いている様子。
(7)例漁をして生きてきた祖父の姿や生き様。

2 ①締結 ②郷愁 ③一隻 ④悔

考え方

1 (1)直後の叔母《おば》の言葉に着目する。何十年も船に乗っていたという原因と、潮と、魚と、さびのにおいが祖父の体に染《し》みついているという結果の二点を書くこと。
(2)死んだ祖父のことを叔母たちや母が「思い出話にして」話している場面から、祖父のことを過去のこととして扱っていることが、少年には祖父が遠くなっていくように感じられ、寂《さび》しく思っていることを読み取る。
(3)①直前から少年の気持ちの動きを見ていくと、祖父のことが思い出話になったことで「寂しくなった」「悲しくなってきた」とあり、――線③では祖父のタオルを「触るのがなんとなく怖《こわ》く」感じている。これらから、祖父が死んだという事実をまだ受け入れられない気持ちが読み取れる。
②「少年はタオルをねじって細くした」が、少年がタオルに触った部分。この前の、タオルをつけるようにと促《うなが》す父の言葉がきっかけである。

(4)前後の父とシライさんの言葉に着目する。祖父は「いつもタオルを巻い」ていたので、デコが白くなっている。そこで祖父を「ええ男」にするために、「タオルを取りに来たんだ。」と言っているので、祖父のデコにタオルを巻こうとしているとわかる。

(5)——線⑤以降の父の様子を述べた部分から、泣いている様子を表す言葉を見つける。「うつむき、太い腕で目もとをこすった」が、下を向き、涙をぬぐう父の様子を表現している。

(6)直前の「熱いものがまぶたからあふれ出た」は少年の目から涙《なみだ》があふれている様子を表していて、「潮のにおい」は、涙を示している。少年は、祖父のタオルを巻いてみたことで、潮のにおいのした祖父のことが思い浮かび、その死を実感したのである。

(7)少年が祖父のタオルに触るのが怖かったこと、祖父がいつもタオルを頭に巻いていたこと、シライさんが、「タオルがないとおじいちゃんじゃないから」と言っていること、潮のにおいがしていることなどから、漁師であった祖父そのものを示すものとして描かれているとわかる。「漁師として生きた祖父の存在そのもの。」などでも正解。「漁をしていた祖父」、「生きていた（頃の）」「姿、存在」といった言葉がなければ不正解。

読解テクニック

1 (3)② **どこから抜き出すか指定している言葉に○をつける！**
設問文に「このあと」など抜き出すところを指示しているような場合、指定された範囲から抜き出さないと不正解となる。設問文の指定する言葉に○をつけ本文で指定範囲を確認しよう。

文法の小窓1　活用のない自立語

p.12

ぴたトレ1

1 ①きく　②ともな　③しゅうしょく　④ふく　⑤いらい　⑥るいか　⑦てんかん　⑧あいさつ

2 ①カ　②ウ　③オ　④エ　⑤ク　⑥キ　⑦イ　⑧ア

p.13

ぴたトレ2

1 (1)横断歩道・とき・車（順不同）
(2)①ウ　②ア　③エ　④オ　⑤イ

2 (1)①ある　②ゆっくり　③すると　④ああ
(2)①イ　②ウ　③エ　④ア
(3)①イ　②ア　③エ　④ウ

考え方

1 (1)「横断歩道」と「車」は普通名詞。「とき」は形式名詞。
(2)①「私」は代名詞。③「二冊」は数詞。⑤「夏目漱石《なつめそうせき》」は固有名詞。

2 (1)「ある」は「日」（名詞）を修飾しているので連体詞。「ゆっくり」は「走らせていた」（述語）を修飾しているので副詞。「すると」は接続詞。「ああ」は感動詞。
(2)①「おそらく〜だろう」は推量との呼応、②「たとえ〜ても」は仮定との呼応、③「ぜひ〜ください」は依頼との呼応、④「まるで〜ような」は類似との呼応。
(3)前後のつながりから考える。①前の部分から予想される結果に反する内容が、あとの部分で述べられている。②前の内容が原因、あとの内容がその結果になっている。③直後で話題を転換している。④前の内容とあとの内容のどちらかを選ぶつながりになっている。

漢字の広場1　まちがえやすい漢字

p.14

ぴたトレ1

1
①けんそん　②しんしゅく　③しょうもう　④しょうさん
⑤そっこう　⑥こうばい　⑦ざぜん　⑧そで　⑨えり
⑩たんれん　⑪しょくぜん　⑫しゅうぜん　⑬かっさい
⑭かっしょく　⑮そし　⑯けんま　⑰つ　⑱いっつい　⑲はか
⑳そこ　㉑かろ　㉒いんそつ　㉓じゃくねん　㉔みょうじょう

2
①ア　②イ

p.15

ぴたトレ2

1
(1)Aウ　Bア　Cイ
(2)①イ　②ウ　③ウ　④ア　⑤ア　⑥イ

2
①B　②A　③B

3
①イ　②ウ　③ア　④オ　⑤エ

考え方

1 (1)つくりの部分が音を表す「圣」（ケイ）で共通している。
(2)下の漢字はそれぞれ、①「青」の部分、②「召」の部分、③「則」の部分、④「責」の部分、⑤「僉」の部分、⑥「寺」の部分が共通している。まちがえやすいので使い分けに注意すること。

2 部首の「ネ」（しめすへん）は神や祭りの意味をもつ。「祈」は「いの（る）」と訓読みし、神仏に願う意味。「祖」は広く先祖を表す。部首の「衤」（ころもへん）は衣服に関する意味をもつ。「補」は破れた衣服をつくろう意味から「おぎなう」意味となった。「複」は衣服を重ねて着る意味。

3 部首の「阝」は、段のついた土の山の形を表し、小高い丘という意味をもつ。部首の「广」は、屋根・建物などに関する意味。部首の「辶」は、行くことや遠近等に関する意味。部首の「穴」は、穴に関する意味。部首の「刂」は、刀に関する意味。

日本の花火の楽しみ

p.16

ぴたトレ1

1
①おうべい　②みりょく　③しん　④はたん　⑤じょうしょう
⑥よいん　⑦ほこ　⑧あとかた　⑨きんせん

2
①ウ　②イ　③オ　④ア　⑤エ

3
①特徴　②全体　③構造　④部分　⑤芸術

p.17

ぴたトレ2

1
(1)花火を作り～上げること
(2)イ
(3)良しあしや精度

p.18～19

ぴたトレ3

1
(1)花の花弁や芯
(2)㊎星の形や燃え方にふぞろいがあると、まっすぐに飛ばず理想の花火の姿にならないから。
(3)色の変化の～しているか
(4)消え際（消え口）
(5)エ
(6)㊎開いた直後に消えてしまう花火の印象が、人々の心の中にのみ残ること。
(7)㊎華やかさとはかなさを同時に味わうことができて、日本の伝統的な情緒や風情にあふれているから。

2
①欧米　②魅力　③昇　④琴

考え方

1 (1)花火の「星」という言葉に着目して読み進めると「花の花弁や芯《しん》になぞらえられる星」とあるので、「花の花弁や芯」にたとえられているとわかる。

(2)前後に、星が均質である時とそうでない時の状態が書かれている。星が均質であれば、「全ての星が一糸乱れず均等に飛」ぶが、「形や燃え方にふぞろいがあれば、その星はまっすぐに飛ばない」ので、理想の花火の姿にならない。これが均質に仕上げる理由である。

(3)直後の文で「色の変化」について説明していることに着目。ここで「色の変化の多さ」「理想の色に見えるか」「同時に変化しているか」という三つの条件をあげている。

(4)「落差」なので、華やかに開いている時と反対の状態を述べている言葉を探す。「全体が一瞬《いっしゅん》で消える」ことについて、「消え口がよい」「消え際《ぎわ》のよい」と表現している。

(5)エは「連続して打ち上げる時の組み合わせやリズム」とあるように、一発の花火の中ではなく、連続して打ち上げる時のリズムのことを「重要」だと言っているので合っていない。

(6)指示語の指し示す内容は直前に着目する。「その一瞬」とは「花火は、大きな音とともに華やかに夜空に咲き、その直後には跡形《あとかた》もなく消えてなくなってしまう」一瞬のこと。「成果」は「その印象が、心の中にのみ残る」ことである。この二つの内容を一文にまとめる。

(7)「芸術」という言葉に着目すると、「夜空で咲き、消え去る時にようやく完結する芸術」「華《はな》やかさとはかなさとを同時に味わえる花火は……芸術」とある。この花火の「華やかさとはかなさ」は情緒、風情《ふぜい》を求める日本人だからこそ琴線《きんせん》に触れるものであることも押さえる。「夜空で咲き、消え去るという華やかさとはかなさが日本人の琴線に触れ、情緒にあふれているから。」なども正解。「華やかさ」「はかなさ」「日本人の情緒（琴線）」といった言葉がなければ不正解。

読解テクニック

1 (5)選択問題では、キーワードとなる語句に○をつける！
選択肢《せんたくし》の内容が正しいかを見分けるには、たとえば、アなら「形」、イなら「動き」に注目して、その語句のある部分と選択肢の内容が合っているか確かめるとよい。

水の山　富士山

p.20　ぴたトレ1

1 ①ふもと　②ゆうすい　③こ　④ようがん　⑤ねば　⑥きょだい

2 (1)①ウ　②オ　③ア　④エ　⑤カ　⑥イ
(2)①イ　②ア

3 ①河川　②雨　③水

p.21　ぴたトレ2

1 (1)イ
(2)粘り気が少
(3)もしかした

p.22〜23　ぴたトレ3

1 (1)山頂や山腹
(2)二十年以上（の時間）
(3)例富士山への降水が地下水となって洞穴を通り、（忍野八海に湧き出ていること。）
(4)ア・エ
(5)このような〜っている。
(6)例（富士山の）水に関する未解明の課題
(7)例（年間を通して）水温が一定に保たれている。／（生物の成育に欠かせない）栄養分が豊富に含まれている。

(8)例富士山という巨大な水脈を流下させることによって、降水を豊富な地下水へと変える役割。

2 ①麓 ②超 ③溶接 ④粘

考え方

1 (1)地下水が洞穴まで「千メートル以上の標高差を下ってきた」ということから、洞穴内の水は洞穴よりも高い場所にある「山頂や山腹」から「流下して」きたことがわかる。

(2)「柿田川《かきたがわ》湧水《ゆうすい》や三島《みしま》市の湧水《ゆうすい》群」の水質について述べた部分に、「富士山麓《さんろく》の地下水と同様、二十年以上の時間をかけて流下してきた」とある。つまり、地下水は、どの場所でもだいたい二十年以上の時間をかけて流下していることがわかる。

(3)本栖《もとす》湖湖底の湧水が「洞穴の中の地下水と同じ水質である」ことから、「降水は地下水となって洞穴を通り、富士五湖に湧き出していたことになる」と述べている。つまり、忍野八海《おしのはっかい》の水質が洞穴と同じだということは、忍野八海の水も、富士五湖の本栖湖と同様に、降水が地下水となり、洞穴を通って、忍野八海まで流下してきたものだと言える。

(4)まず、富士山への降水が、そのあとどのような水となっているのかを押さえる。蒸発するもの、湧水となるもの、海底に湧き出すものがあげられている。ここでは、「その差」が「海底に湧き出している」とあることから、降水量－（蒸発量＋湧水の湧出量）＝海底の湧出量だとわかる。

(5)具体例を書いた部分であることに注意。また「生活を支えている」ということから、富士山の水が人々の衣食住に役立っていることが書かれた部分を探す。「ワサビの栽培のほか、ヤマメやイワナの養殖」、「飲料水」などに役立っていることが書かれた二文が該当する。

(6)「これら」は直接的には「未解明の課題」を指している。しかしこれでは何についての課題かがわからないので文脈をさかのぼって探すと、富士山の「水に関する」課題だとわかる。

(7)清流の特徴については――線⑤のある段落に詳しく述べられている。「（年間を通して）水温が一定に保たれている」こと、「（生物の成育に欠かせない）栄養分も豊富に含まれている」ことの二点を押さえる。

(8)富士山そのものが巨大な「水脈」となり「降水」を豊富な湧水へと変えていることを、指定語句の「降水」「水脈」を用いてまとめる。「山頂や山腹にもたらされた降水を、時期の異なる二つの地層にはさまれた巨大な水脈で栄養豊富な湧水に変える役割。」のように、富士山の「水脈」が「降水」を、豊富な「地下水」や「湧水」に変えることが書いてあれば正解。

読解テクニック

1 (8)**設問の指定語句を文章中から探し〇をつける！**

〇をつけた語句や、似た意味の語句の前後の内容を確認し、その内容をまとめる。語句が複数箇所《かしょ》にあるときは、設問の答えにふさわしい内容かどうかを見きわめ、適切な部分を使うこと。

言葉の小窓1 敬語

p.24

ぴたトレ1

1 ①ちが ②げんかん ③おく ④たの ⑤いそが ⑥しょうかい ⑦みな ⑧しゅくはく ⑨かざ ⑩こうはい

2 ①イ ②エ ③ウ ④ア

p.25

ぴたトレ2

1 ①おっしゃる（言われる） ②お歌いになる（歌われる） ③出発なさる（出発される） ④ご覧になる（見られる） ⑤いらっしゃる ⑥お渡しになる（渡される）

2 ①申す（申しあげる） ②いたす ③ご報告する ④拝見する ⑤おる ⑥お渡しする

3 ①思います ②広いです

4 ①〇 ②× ③× ④〇

5 ①ア ②ウ ③イ ④ウ ⑤ア

考え方

1 敬語には何通りもの言い方があるが、特別な言い方がある言葉については、それを使う方が自然である。

2 謙譲《けんじょう》語は自分の動作に対して使うものだが、動作が向かう相手が身内などのときは使わないので注意すること。
例 〇 お客様を席までご案内する。
× 母を職員室までご案内する。

3 丁寧《ていねい》語は用言に「〜です・〜ます」「〜ございます」を付けて丁寧さを表す。

4 美化語は名詞に「お〜」「ご〜」を付けて物事を上品に表す。②③は相手に対する敬意を含むため、尊敬語にあたる。

5 「お」や「ご」を伴う言葉は、相手側の事物につけば尊敬語、自分側の事物につけば謙譲語、どちらでもなければ美化語となる。

p.26

夢を跳《と》ぶ

ぴたトレ1

1 ①ますい ②こわ ③しゅよう ④さいげつ ⑤きんきゅう ⑥むえん ⑦きょり ⑧あこが ⑨こうぎ ⑩ちりょう ⑪もど ⑫こ ⑬だっしゅつ ⑭しせつ ⑮ぎし ⑯しっそう ⑰しげき ⑱ちょうせん ⑲ねら ⑳ふくし ㉑こうれいしゃ ㉒こ ㉓あ ㉔ひさい

2 ①イ ②ア

3 ①十九 ②義足 ③パラリンピック

p.27

ぴたトレ2

1 (1)ウ
(2)（五字）走れること
（九字）記録に挑戦すること
(3)Aパラリンピック B日本記録

p.28〜29

ぴたトレ3

1 (1)工夫しだい
(2)例 自分は試練を乗り越えられるし、その結果、成長することができるという思い。
(3)心の支え
(4)失って〜うこと
(5)①全ての人に配慮した社会
②いろい〜ていく
(6)例 試練を乗り越えることの大切さを教えてくれた人たちに感謝し、夢をもち続けて生きていこう。

2 ①心酔 ②縁起 ③選択肢 ④挑戦

考え方

1 (1)筆者が、自分の授業を通して子どもたちにどうなってほしいと思っているかがわかる一続きの二文を探す。該当《がいとう》の二文は、「感じてもらえるとうれしい」「何かを感じ取ってもらえればいい」という表現から、筆者が子どもたちに望んでいることが書かれていることがわかる。
(2)少し後に「この言葉を思い出して」とあるので、そのあとに続く「私ならきっと乗り越《こ》えられるから、この試練を与えられたんだ」「これを乗り越えれば、きっと成長した自分に会えるんだ」という筆者の思いをまとめるとよい。

(3)この言葉とは、――線②の「神様はその人に乗り越えられない試練は与えない」である。――線②の直前に、「子どもたちには、私の心の支えになっている言葉を伝えている」と述べてから、言葉を紹介《しょうかい》していることに着目しよう。

(4)筆者が学んだことを表現している部分を探すと、――線④の直後に「パラリンピックに出たことで……ということに気づいた」とある。「失ってしまったものよりも、目の前にあるものを大切にすべきであるということ」が学んだことである。

(5)①筆者が「これからの社会」について述べている部分は、傍線部の後の段落である。「社会」や考えを表す「〜べき」に着目すると、「全ての人に配慮した社会であるべき」を見つけ、十一字の部分を抜き出す。

②①の筆者の望む社会を実現するための筆者の考えを述べている部分を探す。①の後の一文の部分に筆者の考えが述べられているので、その中から「〜という意識。」につながる部分を抜き出す。

(6)最終段落で、「私はこれからも夢を跳び続けていきたい」とあり、筆者が決意を述べていることに着目する。また、その直前の一文から、「夢」とは筆者にとって「試練を乗り越えよう」とする力になるものであること、そのきっかけをくれた大切な人たちへの感謝の思いを押さえる。「周囲への感謝の気持ちを忘れずに、夢をもって、試練を乗り越えていきたい。」などでも正解。「夢をもって試練に立ち向かう」「周囲への感謝の気持ち」という内容がなければ不正解。

読解テクニック

1 (1)・(3)・(4)・(5)**問題文の指定の字数の言葉に○をつける！**

言葉を抜き出す問題では、指定の字数は大きなヒントになるので、本文中の同じ字数の言葉に○をつけ、適切かどうか設問に戻って確認するとよい。

言葉の小窓2　話し言葉と書き言葉

p.30

ぴたトレ1

1 ①たの　②だれ　③ちが　④とくちょう　⑤じゅうじつ　⑥ごうう　⑦えいきょう　⑧はんい　⑨いっせい　⑩くわ

2 ①ウ　②オ　③イ　④ア　⑤エ　⑥カ

p.31

ぴたトレ2

1 ①ア　②ア　③イ　④イ　⑤ア　⑥イ

2 (1)ア

(2)①例本当に話が合わない。

②例ほめられてとてもうれしい。

③例明後日の学級会では、学級委員会の決め方について話し合いたいと思います。それでよろしいですか。

④例友だちから私が先生に呼ばれていると聞いた。だから、おそらく私は怒られると思った。

⑤例ＳＮＳは良いところもとても多いが、利用の仕方には気をつけなければならない。

考え方

1 ①直接話した内容は基本的には「そこにいない人には伝えることができない」。②話す場合は「聞き手の反応を確かめながら」言葉を補ったり省略したりして話を進めることができる。③書いたものは、新聞や記録文書のように、あとの時代の人や遠く離《はな》れている人に「記録を正確に伝えることができる」。④書くときには書き直したり読み直したりする「時間的な余裕《よゆう》がある」。⑤話す場合は、聞き手もその場にいるので、「その場ですぐに質問したり答えたり」することができる。⑥「紙などに書かれ」書いた物が残るのは書き言葉。

2 (1)文章にした時に、よりふさわしい表現のものを選ぶ。ただし、話す場合でも目上の人と話すときにはアの言い方のほうがふさわしい。
(2)話し言葉ではよく使われるが、書き言葉ではあまり使わない表現は、書き言葉での言い方を覚えておくこと。

SNSから自由になるために

p.32

ぴたトレ1

1 ①きょくたん ②ひかく ③きょうふ ④えんじょう ⑤こわ

2 (1)①イ ②エ ③オ ④ウ ⑤ア
(2)①ウ ②イ ③ア

3 ①トラブル ②公

p.33

ぴたトレ2

1 (1)イ (2)A極端に短い B感情的 (3)イ

漢字の広場2 漢字の成り立ち

p.34

ぴたトレ1

1 ①かじゅう ②はっかん ③わく ④おうとつ ⑤ほうらく ⑥きゅうだい ⑦たけぐし ⑧みさき ⑨えんこ ⑩きそ ⑪しっそう ⑫とくがく ⑬けんぎょう ⑭しょうしゅう ⑮かんじょう ⑯りんじん ⑰かさ ⑱はくらいひん ⑲ほうし ⑳ほうがん

2 ①ア ②ウ ③イ

p.35

ぴたトレ2

1 (1)①ウ ②イ ③エ ④ア
(2)①イ ②ア ③ウ ④エ
(3)①(意味)心 (音)相 ②(意味)氵 (音)原
③(意味)刂 (音)半 ④(意味)艹 (音)早
(4)ア、エ、オ

考え方

1 (2)①イ「犬」は犬の形を簡略化して表現している。②ア「本」は抽象《ちゅうしょう》的な事物を線を用いて表現している。③ウ「解」は「刀」と「牛」と「角」を組み合わせて新しい意味を表現している。④エ「洋」は「氵」が意味を表し、「羊」が音を表している。
(3)①「ソウ」と読む部分が音。②「ゲン」と読む部分が音。③「ハン」と読む部分が音。④「ソウ」と読む部分が音。それぞれ、残りの部分が意味を表している。
(4)「国字」とは、日本で作られた漢字のこと。他にも、「枠《わく》」や「働」などがある。「段」は会意文字、「刃」は指事文字。

「ここにいる」を言う意味

p.36

ぴたトレ1

1 ①もくもく ②しんけん ③おお ④かく ⑤きはく ⑥ぞうふく ⑦こうにゅう ⑧おちい

2 (1)①イ ②ア ③ウ ④エ
(2)①ウ ②エ ③イ ④ア

3 ①交流 ②法整備 ③ここにいる

p.37

ぴたトレ2

1 (1)ア (2)ウ (3)イ

紙の建築

p.38

ぴたトレ1

1 ①た ②はんしん ③ばっさい ④ひなん ⑤じんそく ⑥してき

2 (1)①ウ ②オ ③エ ④イ ⑤ア
(2)①イ ②ア ③ウ

3 ①シェルター ②紙の教会 ③間仕切り

p.39

ぴたトレ2

1 (1)Aアルヴァ＝アアルト B紙管
(2)ウ
(3)イ

p.40〜41

ぴたトレ3

1 (1)例プライバシーがなく、心身ともに困る状態。
(2)例避難所の管理者を説得するのに時間がかかってしまったこと。
(3)a間仕切り bデモンストレーション
(4)エコノミークラス症候群
(5)ア
(6)例住環境を改善するのが建築家としての使命だという信念。

2 ①耐 ②避 ③奮迅 ④摘

考え方

1 (1)——線①の後の一文に「多くの被災者が」「仕切りのない場所での避難《ひなん》生活を余儀《よぎ》なくされました」とあり、その後に「そこではプライバシーがなく、心身ともにまいってしまいます」とある。
(2)「課題」とは、——線②の後の一文「東日本大震災では、避難《ひなん》所を訪ね歩き、管理者を説得するのにあまりにも時間がかかってしまいました。」という部分である。この部分をまとめる。
(3)aは、筆者が何を受け入れてもらおうとしたのかを考える。筆者は災害時の避難所で間仕切りを提供しようとしていたので、「間仕切り」が当てはまる。bは、筆者が防災の日に何をしたのかを読み取る。——線③を含む段落に「平常時にいろいろな自治体の防災の日にデモンストレーションを行い」とあるので、「デモンストレーション」が正解。
(4)設問にある「危険性」という言葉に着目する。「避難所や車の中で泊まる避難者のエコノミークラス症候群の危険性が指摘《してき》されていました」とあるので、「エコノミークラス症候群」が正解。
(5)「人為《じんい》的」とは、「自然なままではなく、人の手が加わるさま」を表している言葉なので、人の手が加わったものによって災害が起きていることを捉える。——線⑤の前に「建物が崩れたために」と述べられているので、人の手が加わった建物が崩れることを「人為的な災害」と言っていることがわかる。これを端的に述べたアが正解。
(6)「その」という指示する語句に注目し、その前の部分を捉える。「住環境を改善するのが建築家としての使命と考え」とあるので、この部分が筆者の信念だと考えられる。「建物の環境を改善していくことが建築家の使命であるという信念。」などでも正解。

読解テクニック

1 (3)問題文中の言葉に○をつける！
文章を完成させる問題では、問題文の中にある言葉がヒントになるので、本文中の同じ言葉に○をつけ、その前後にあてはまる言葉がないかを探すとよい。

文法の小窓2　活用のある自立語

p.42

ぴたトレ1

1 ①ごうまん ②こうさい ③せんにん ④そうりょ ⑤ただ ⑥ていさつ ⑦あわ ⑧りんり ⑨こんいん ⑩しっと ⑪じょさい ⑫れいじょう ⑬とつ ⑭かんとく ⑮めいぼ ⑯かんぺき ⑰けいこ ⑱へんきゃく ⑲せんせい ⑳かんりょう

2 ①ウ ②イ ③ア

p.43

ぴたトレ2

1 ①Aイ Bア ②Aエ Bオ ③Aオ Bウ ④Aカ Bエ ⑤Aア Bイ

2 ①かっ ②く ③い ④けれ ⑤かろ

3 ①イ ②イ ③ア ④ア ⑤イ

考え方

1 カ行変格活用は「来る」、サ行変格活用は「する」「○○する」のみ。

2 形容詞の活用は下に①「た」がつくときは「かっ」、②「なる」がつくときは「く」、③「こと」などがつくときは「い」、④「ば」がつくときは「けれ」、⑤「う」がつくときは「かろ」になる。

3 言い切りの形が「い」で終われば形容詞、「だ」「です」で終われば形容動詞。

敦盛《あつもり》の最期《さいご》――平家《へいけ》物語――

p.44

ぴたトレ1

1 ①ぼつらく ②かね ③そうほう ④すいたい ⑤ほろ ⑥じんち ⑦けしょう ⑧かたきう ⑨きば ⑩にしき ⑪ほっしん

2 (1)①イ ②ア
(2)①よわい ②なんじ ③よう ④まいら

p.45

ぴたトレ2

1 (1)ⓐイ ⓑア ⓒア ⓓイ
(2)Aよはひ（年） B容顔
(3)イ

p.46〜47

ぴたトレ3

1 (1)ⓐこころぐるしゅう ⓑいずくに
(2)ウ
(3)土肥、梶原
(4)後の御孝養をこそつかまつり候はめ
(5)ア
(6)例武士の家に生まれたことで、若武者のような素晴らしい人物を討たなければならないことを憂えたから。

2 ①日没 ②鐘 ③双眼鏡 ④衰退

考え方

1 (1)ⓐ「イ段」+「う・ふ」は「ユウ・○ュウ」となるので、「しゅう」に直す。ⓑ「づ」は「ず」に直す。

(2)本来は敵なので討《う》ち取るべきだが、直実《なおざね》の迷いが、同じ「　」の中で心の声として語られている。

(3)「土肥《とい》、梶原《かじわら》」は源氏方の武将。「五十騎《き》」を「雲霞《うんか》」（雲やかすみ）にたとえている。

(4)直実の言葉「直実が手にかけまゐらせて……」に着目する。助けたいとは思うのだが、味方の軍勢が多く、逃げられそうもないので、他の人に殺されるよりは、自分が手にかけて後《のち》の供養《くよう》をすることを誓っている。

(5)——線④の後、敦盛が持っていた笛を見た後の直実の発言の内容を読み取る。その日の朝、城の中から聞こえる音楽を聴いていた直実は、笛を見たことでこの音の主が敦盛たちであることを知る。そこで何万人の武士がいても、このように笛を持って音楽を奏でている人はいないと考え、敦盛たちのような人々がいかに優《ゆう》雅《が》な人物であったのかということを感じる。それが書かれているアを選ぶ。

(6)——線⑤にある「発心《ほっしん》」とは「仏門に入り、僧《そう》になること」の意。ここで直実は武士をやめて、僧侶《そうりょ》になりたい思いが強くなったことを表している。なぜそのような思いを抱いたかということを考えるため、——線③の後の直実の発言に注目する。「武芸の家に生まれずは、何とてかかる憂《う》きめをばみるべき」とあり、武士の家に生まれたことを嘆いている様子がわかる。「若武者の命を助けられず、武士の家に生まれたことを嘆いているから。」などでも正解。

読解テクニック

1 (2)**登場人物の名前に○をつける！**
古文では主語が省略されていることが多いので、主語になる可能性が高い登場人物の名前に○をつけて、場面の状況を考えながら読もう。登場人物を見つけて、場面の状況がわかったら、内容を読み取ろう。

随筆の味わい——枕草子《まくらのそうし》・徒然草《つれづれぐさ》——

p.48 ぴたトレ1

1 ①ずいひつ　②まくら　③ほたる　④と（び）か（う）　⑤しも　⑥じじょ　⑦あま　⑧かまくら　⑨おごそ

2 (1)①イ　②ウ　③エ　④ア
(2)①ア　②イ

p.49 ぴたトレ2

1 (1)エ
(2)ウ
(3)寒き

p.50〜51 ぴたトレ3

1 (1)a
(2)(二つ三つばかりなる)ちご
(3)おおえる
(4)①四　②ウ
③例小さいものであること。

2

(1) 徒歩

(2) 例 石清水（八幡宮）に参拝すること。

(3) ア

(4) こそ

(5) 少しのことにも、先達はあらまほしきことなり。

(6) 例 法師がたった一人で出かけたせいで、山の麓にある極楽寺や高良を石清水八幡宮と思いこみ、参拝せずに帰ってきてしまった行動。

3

① 蛍　② 霜　③ 侍　④ 鎌倉

考え方

1

(1) aは連体修飾語をつくる「の」。bとcは「が」に置きかえることができるので、主語を表す「の」。

(2) 誰が、何を「見つける」のかを考えると、「二つ三つばかりなるちご」が「小さき塵《ちり》のありけるを」「見つける」ということになる。

(3) 語中・語尾の「はひふへほ」は「わいうえお」と表記する。

(4) ①「瓜《うり》に描《えが》いたちごの顔」「ねずみの鳴き声をまねるとやってくる雀《すずめ》の子」「小さな塵を拾い上げて大人《おとな》に見せる二歳から三歳ほどのちご」「尼《あま》そぎの髪型《かみがた》で、ちょっと首を傾《かたむ》けて物を見ているちご」の四つがあげられている。

②「うつくしきもの」とは、現代語の「美しいもの」という意味ではなくて、「かわいらしいもの」という意味である。

③四つのうち三つは「ちご」に関すること、一つは「雀の子」に関することだから、いずれも小さいものであることが共通する。

2

(1)「かち」は「歩いて行くこと」という意味である。

(2)「年ごろ思ひつること、果たしはべりぬ」と続くことから法師がやり終えてきたことが長年の望みであったとわかる。冒頭部分に「年寄るまで石清水《いわしみず》を拝まざりければ……　詣でけり」とある。ここで聞かれているのは「長年の間思っていたこと」。その内容は、「石清水八幡宮《はちまんぐう》に参詣すること」であり、実際の結果「石清水八幡宮を〈拝まなかった〉こと」ではないので注意。

(3)「ゆかし」は「心がひかれる」が元の意味。対象によって「見たい／聞きたい／やりたい／知りたい」などといったさまざまな意味を表す。

(4) ふつう文末は終止形で結ばれるが、係りの助詞「こそ」が入ることによって文末が変化する。これを係り結びという。ここでは、本来は「なり」と結ばれるべきところが「なれ」に変わっている。

(5) 仁和寺《にんなじ》の法師は、石清水八幡宮を参拝するためにわざわざ出かけて行ったのに、その正確な位置を知らなかったので、別のものを拝んだだけで帰ってきてしまった。この大失敗をふまえた最後の一文が筆者の感想である。

(6) 法師が「ただ一人」で行動したこと、法師が石清水八幡宮だと思っていたのは実は山の麓にある「極楽寺《ごくらくじ》・高良《こうら》」であり、結局お参りせずに帰ってきてしまったことを説明すればよい。「法師を案内する人がいなかったので、石清水八幡宮と勘違いして、極楽寺や高良神社などを参拝してしまった行動。」などでも正解。

読解テクニック

2 (2)「　」の前後の言葉に○をつける！

古文では会話文の登場人物が省略されていることがあるので、「　」の前後の言葉に○をつけて、誰が話しているのかを考えながら読もう。主語を表す「の」や、「と言ふ」を見つけたら主語を確認しよう。

二千五百年前からのメッセージ―孔子《こうし》の言葉―

p.52

ぴたトレ1

1
①きんさ　②もほう　③ひふ　④せつじょく　⑤ひじ
⑥ごてん　⑦かわら　⑧はんらん　⑨はんせい　⑩なべぶた
⑪たいきけん　⑫きょうじゅ　⑬けんちょ　⑭かしょ　⑮ひんど
⑯しゃへい　⑰ざんがい　⑱きんこう　⑲きこう　⑳いっぱん

2
①ウ　②ア　③イ

p.53

ぴたトレ2

1
(1)ア
(2)朋有り遠方より来たる
(3)ウ

坊《ぼ》っちゃん

p.54

ぴたトレ1

1
①じょうだん　②はもの　③う　④きずあと　⑤すべ
⑥あ　⑦つぶ　⑧しばい　⑨ちょうえき　⑩おこ（いか）
⑪あきら　⑫ほ　⑬えんぴつ　⑭さが　⑮くさ
⑯かし　⑰おぼ　⑱いちがい　⑲しゅうせん　⑳たんぱく
㉑ぼしゅう　㉒そくせき　㉓しょうがい　㉔なぐさ

2
①ア　②イ

3
①無鉄砲　②まがった　③ずるい　④なんにもせぬ　⑤ひいき目

p.55

ぴたトレ2

1
(1)台所で宙返り
(2)おやじ…なんにもせぬ男
兄…はっきりしない性分で、ずるい
(3)ウ

---

p.56〜57

ぴたトレ3

1
(1)ウ
(2)①一人で決め
②主人
(3)例「俺」が当分うちをもたないうえに田舎へ行くことを知ったから。
(4)ウ
(5)例「俺」の生活を思いやりながらも、別れをつらく感じる思い。

2
①甲乙　②帳尻　③諦　④褒

考え方

1
(1)おいの様子などが書かれた部分から判断する。「なにくれともてなしてくれた」「なんと思って清の自慢を聞いていたかわからぬ」「おいこそいいつらの皮だ（恥をかかされている）。」など、「俺」に丁寧《ていねい》に接して、清の自慢話についても嫌な顔をせずに聞いていたことなどからおばの清を大切にする、おだやかな人柄が読み取れる。
(2)①――線②の直後の一文には「自慢話」の具体的内容が書かれ、そのあとに、自慢話について「一人で決めて一人でしゃべるから、こっちは困って顔を赤くした。」と、感じていることがわかる一文がある。「おりおり……閉口した。」は自慢話に関する部分ではないので、適切ではない。
②清が「俺」との関係を、どう思っているかがわかる部分に着目する。清は「封建時代の主従《しゅうじゅう》」のような関係だと思っており、「自分の主人ならおいのためにも主人に相違ない」と考えて、「俺」のことを自慢する態度をとっている。
(3)失望した理由を問われているので、まず、清がどんなことを期待していたのかを捉える。「学校を卒業すると麴町《こうじまち》辺へ屋敷を買って、役所へ通うのだなどとふいちょうしたこともある」、「坊っちゃんいつうちをおもちなさいます」などから、近いうちに家をもつことを期待していたことがわかる。それなのに、「俺」は田

舎へ行くので会えなくなることもわかり、非常に失望したのである。

(4)「もてあます」は、うまく扱うことができなくて困るという意味。清を慰めても、無理な要求をされ、質問を重ねられた様子から考えよう。

(5)最終段落の、「俺」に対する清の態度が、大きく二つに分けられることを捉える。「いろいろ世話をやいた」ことから、「俺」に対する思いやり、別れの際に、「もうお別れになるかもしれません。」と涙をいっぱいためていたことから、別れをつらく感じる気持ちを捉える。「『俺』のことを心から案じ、離ればなれになることを悲しむ思い。」などでも正解。「『俺』を思いやる（心配する）」、「別れがつらい、悲しい」といった内容がなければ不正解。

読解テクニック

1 (4)二つに分けて／をつけ、それぞれ確認する！

選択肢が長いときや、ポイントがいくつかありそうなときは、二つに分けてそれぞれの内容を文章と照らし合わせて考える。ここでは人物の性質ごとに分け、それぞれを確認する。

短歌の味わい

p.58

ぴたトレ1

1 ①こどく ②あこが ③つ ④おく ⑤はんりょ ⑥うす ⑦しん ⑧か ⑨ねむ ⑩はな ⑪のぼ ⑫あざ ⑬く（り）かえ（す） ⑭えが（か） ⑮かんせい ⑯ちが ⑰こ ⑱つばさ ⑲さいぼう ⑳ふ

2 ①ア ②ウ ③イ

p.59

ぴたトレ2

1 (1)二句切れ (2)ウ (3)イ

夏の葬列《そうれつ》

p.60

ぴたトレ1

1 ①かた ②そかい ③おれ ④きふく ⑤すそ ⑥いも ⑦いっしゅん ⑧ひかげ ⑨きみょう ⑩きおく ⑪ぐうぜん ⑫じゅうげき ⑬たんか ⑭は ⑮げんえい ⑯きんしん ⑰しつれん ⑱かんせい ⑲ゆ ⑳まいそう

2 ①イ ②ウ ③ア

3 ①疎開 ②五

p.61

ぴたトレ2

1 (1)ア (2)目だっちゃう（殺されちゃう） (3)イ

p.62～63

ぴたトレ3

1 (1)二つになった沈黙

(2)例彼女の母

(3)イ

(4)例罪から解放され身を軽くするため町に来たのに、さらに自分の罪をつきつけられる結果になったこと。

(5)例忘れようとすること。

(6)駅の方角

(7)ア

(8)例夏の幾つかの苦い記憶を一つの痛みとしてよみがえらすもの。

2 ①尽　②錯覚　③弾　④妄想

考え方

1

(1)まず、二人の死を、「彼女の母の葬列《そうれつ》」の場面で、「二つの死」と表現していることに着目する。その前後を見ると、「彼女の母」の死について「柩《ひつぎ》の抱きしめている沈黙」と表し、「彼女」の死と合わせて「二つになった沈黙」と表現している。

(2)「彼女の母の葬列が丘を登っていく」とあるので、「写真を載せた柩」は、「彼女の母」の遺体を運んでいる。つまり、写真も「彼女の母」のものである。

(3)直前の彼の行動に関する表現に着目する。「彼は、葬列のあとは追わなかった。追う必要がなかった。」とある。その理由は、たとえ葬列に参加したとしても、「彼」にとっての「二つの死」の意味の重さは変わることがないからである。「二つの死」を目をそらして忘れることができないことを、自分の中に「埋葬《まいそう》」するのだと表現している。——線②の5行前の「自分の中で永遠に続くだろう」も同じ意味を表している。

(4)「彼」にとって予想や期待がはずれる結果となったことを考える。「彼」は「この傷に触りたくない一心で……この町を避け続けてきた」、「身を軽くするためにだけ俺はこの町に降りてみた」にもかかわらず、偶然《ぐうぜん》葬列に出くわし、「彼女」や「彼女の母」の死の原因が自分にあることを知る。その死に対する罪の意識が「自分の中で永遠に続く」結果になったことを「皮肉」だと言っているのである。

(5)「記憶《きおく》を自分の現在から追放し」も「過去の中に封印して」も、ともに嫌《いや》な記憶を忘れようとすることを意味している。もう思い出して悩まないようにすること、なども可。

(6)「彼」が町を去ろうとしている場面であることを押さえ、「彼はゆっくりと駅の方角に足を向けた」とあることに着目する。

(7)直前の「もはや逃げ場所はないのだという意識」、「彼」は「二つの死」が「自分の中で永遠に続く」、「俺の中に埋葬されるほかはない」」と感じていることから、「彼女」と「彼女の母」の死を一生背負って生きていく決意をした心情を読み取る。

(8)最後から二つめの段落に着目する。「彼」は未来に「今と同じ風景を眺め、今と同じ音を聞く」ことを思い浮かべ、「俺は……夏の幾つかの瞬間《しゅんかん》を、一つの痛みとしてよみがえらすのだろう」と考えている。「彼」にとって「夏の幾つかの瞬間」は罪を犯しそれに気づいた苦い記憶であることも押さえる。「犯した罪と二つの死に気づいた記憶を痛みとして感じさせるもの。」などでも正解。「苦い記憶(犯した罪、二つの死)」、「痛みをよみがえらせる」といった言葉がなければ不正解。

読解テクニック

1 (4) **設問文に○をつける！**

「どのようなこと」「どのようなもの」と問われたら、文末は「〜こと。」「〜もの。」、「なぜ」と理由を問われたら、「〜から。」などと答える。設問文に○をつけておけば忘れにくい。

漢字の広場3　漢字の多義性

p.64

ぴたトレ1

1
①ようし ②はいけい ③しょこう ④せいふく ⑤ごうきゅう
⑥ちゅうさい ⑦ばくろ ⑧ふんそう ⑨せきひ ⑩しょせき
⑪きんゆう ⑫しゅうげき ⑬おせん ⑭こんきょ
⑮かんきゅう ⑯けいやく ⑰おうえん ⑱りゅうき ⑲しへい
⑳はんばい ㉑ぎたい ㉒けいじ ㉓ごい ㉔いかん

2
①ア ②イ

p.65

ぴたトレ2

1
(1)①イ ②ア ③ウ ④エ
(2)①ア ②イ ③ア ④ウ ⑤イ
(3)①往 ②復 ③過
(4)①イ ②ア ③ア ④イ ⑤イ ⑥ア

考え方

1 (1)「和」の基本的な意味は「やわらぐ」。「温和・平和」などの熟語がその意味にあたる。「和」は選択肢《せんたくし》にあげた意味以外に、足し算の答えの意味でも使われる。④「和服」の対義語は「洋服」。
(2)①「収」には「おさ（める）」「おさ（まる）」の訓読みがある。イは「集める」、ウは「縮む」の意味。②「反」には「そ（らす）」「そ（る）」の訓読みがある。アとウは「はね返す」という意味。③「啓」は「ひら（く）」と読むことがあり、イとウは「教えをひらく、導く」という意味になる。④アは「注意する」、イは「唱える」という意味。⑤アは「横に連なる」、ウは「わがまま」という意味。
(3)①「往」には大きく分けると「行く」と「昔」という二つの意味がある。②「復」には「元へ戻る」「もう一度」などの意味がある。③「過」には「す（ぎる）」の他に「あやま（ち）」という訓読みもある。
(4)①②「乗」にはかけ算という意味もある。③④「事」にはつかえる（「師事」など）という意味もある。⑤⑥「伝」にはひろめる（「伝道」など）、言いつたえ（「伝記」など）といった意味もある。

ガイアの知性

p.66

ぴたトレ1

1
①くじら ②さつえい ③いけい ④しさ ⑤じゅみょう
⑥ちえ ⑦すなお ⑧かたよ ⑨と ⑩えさ（え）
⑪じょうきょう ⑫あしもと ⑬せいぎょ ⑭もうどく
⑮せんたく ⑯かこく ⑰めす ⑱こうげき

2
①イ ②ア ③ウ

3
①知性 ②イルカ ③ガイア

p.67

ぴたトレ2

1
(1)イ・エ（順不同）
(2)捕らわれの〜自分の状況
(3)か弱い

p.68〜69

ぴたトレ3

1
(1)ウ
(2)例象が何をしようとしているのかを確かめるため。
(3)①攻撃的 ②環境破壊
(4)①ウ ②例人類よりはるか以前から、大きな体でこの地球に生きながらえること。
(5)例鯨や象のもつ「知性」を身につけて、自然を支配するのではなく、自然とともに生きていくべきである。

2
①畏敬 ②示唆 ③餌（餌） ④過酷

考え方

1 (1)倉庫に入ることができた象が、最終的にどのような行動をとったかに着目する。
(2)象が毎晩倉庫のかんぬきを開けようとすることを不思議に思い、象の行動の理由を確かめようとしたのである。
(3)①直後の一文に「人間の『知性』は……『攻撃《こうげき》的な知性』だ」とある。
②「この『攻撃的な知性』を……結果として、人間は環境破壊を起こし」と、人間の「知性」が引き起こした問題を述べている。
(4)①直後の一文に着目すると、「受容的」とは、自然に対して「繊細に理解し、それに適応して生きる」ための「知性」だとわかる。
②次の段落に「だからこそ」とあることに着目する。「受容的な知性」の結果、どうなったかがこのあとに書かれている。
(5)最後の段落では、自然をコントロールし、環境破壊を招く人間の「知性」を反省し、鯨や象の「知性」から学ぶことの大切さが述べられているので、これをまとめる。「鯨や象のもつ「知性」を学び、自然の営みを理解していくべきである。」などでも正解。人間とは違う「知性」を学ぶ、もしくは身につけるといった内容がないと不正解。

学ぶ力

p.70 ぴたトレ1

1 ①もぐ ②いじ ③ふさ ④ゆうれつ ⑤ししょう ⑥すみ
2 (1)①エ ②イ ③ウ ④ア
(2)①ア ②エ ③イ ④ウ
3 ①個人的 ②無知 ③師（先生） ④その気 ⑤センテンス

p.71 ぴたトレ2

1 (1)イ
(2)①「学ぶ」と～強度や深度
②「昨日の自～力」の変化

p.72～73 ぴたトレ3

1 (1)①何か（武芸～となる。
②弟子入り物語
(2)無垢さ・開放性（順不同）
(3)A経験 B注文
(4)例本を読んで、内容から何かを吸収しようとしない人。
(5)才能や経験
(6)ウ
(7)例自分の未熟さを知り、自ら定めた師に教えを素直に求められる人。
2 ①潜 ②塞 ③劣勢 ④巨匠

考え方

1 (1)①「そのような話」は、――線①のある段落で述べられている、「師弟関係を描いた物語」の『入門』をめぐるエピソード」のことである。

②弟子の入門の話について、三つあとの段落では「弟子入り物語」と表現している。

(2)第六段落で筆者は「師を教える気にさせる」ためには、弟子はどうすればよいかを述べている。「どんなこともどんどん吸収するような、学ぶ側の『無垢《むく》さ』、師の教えることはなんでも受け入れますという『開放性』」が「『師をその気にさせる』ための力」であると述べていることに着目し、キーワードとなっている二つの言葉を抜き出すとよい。

(3)学ぶときの理想的な状態が「真っ白な状態」であること、直前に「それより」とあることに着目する。「経験があって……注文を師に向かってつけるようなことをしたら、これもやはり弟子にはしてもらえません」とあり、学ぶときの師に対するよくない態度を述べているので、ここから適切な言葉を抜き出す。

(4)直前の一文に「書物の中の実際に会うことができない師に対しても、この関係は同様」とあるので、実際の師弟関係で、教えてもらえない人はどういう人かを捉えてから考えるとよい。師から教えてもらうときの「弟子の構《かま》え」として「どんどん吸収する」こと、「教えることはなんでも受け入れます」という態度が必要だとあるので、本を読むときも、自分から吸収しようとしない人は、教えてもらえないことになる。

(5)弟子入りするときについて「弟子の側の才能や経験などは、問題になりません」という「数値で表せる成績や点数などの問題ではなく」と似ている内容・表現があることに着目する。

(6)第五段落で、師について述べている。「金銭で態度が変わったり、おだてたりしてもだめ」、「師を利益誘導したり、ちやほやされると舞い上がったりするような人間は『師』として尊敬する気にこちらのほうがなれません」とあるので、「師」は自分の利益を優先しない態度であるべきと述べているとわかる。

(7)「『私は学びたいのです。先生、どうか教えてください。』というセンテンス」が「学力のある人」を象徴《しょうちょう》していることに着目する。具体的には、三つの条件にあるように、無知を自覚し、師を見つけ、師を教える気にさせるように吸収しようとすることが必要である。「己の無知を自覚し、自ら選んだ師から何でも吸収しようとする人。」なども正解。「未熟さ」＝「無知」の「自覚」と、「自分で見つけた」「師」から「吸収する」＝「受け入れる」という内容が必要。

読解テクニック

1 (3) **空欄《くうらん》の前後の言葉に○をつけ、似た言葉を本文から探す！**

文の空欄に言葉を入れる問題では、前後の文脈がヒントになるので、ポイントになりそうな部分に線を引き、文章のどの部分から抜き出すとよいか、見当をつけるとよい。

p.74

文法の小窓3　付属語のいろいろ

ぴたトレ1

1 ①こうばい　②がくふ　③かじょう　④かんづめ　⑤つ　⑥はんぷ　⑦おうひ　⑧せつな　⑨ちょくし　⑩きょうじゅん　⑪しょうちゅう　⑫そうすい　⑬にまんえん　⑭しっつい　⑮ひめん　⑯やっかん　⑰こくじ　⑱か　⑲ばんゆう　⑳ついらく　㉑じゅうそう　㉒いかん　㉓ふぶき　㉔もみじ（こうよう）

2 ①ア　②イ

p.75

ぴたトレ2

1
(1)①ア ②ウ ③エ ④ア ⑤イ
(2)①イ ②ウ ③ア ④エ

2
(1)①ア ②イ
(2)①ウ ②イ ③ア ④エ

考え方

1
(1)①目的や対象を示す格助詞。格助詞は主に体言について、あとの語句との関係を示す。
②程度を示す副助詞。程度を示す副助詞には他に「まで」「くらい」などもある。
③感動を示す終助詞。同じ「よ」でも「公園に行こうよ。」などと使うときは「勧誘」を示す。
④主語をつくる格助詞。
⑤確定の順接を示す接続助詞。確定とはその事柄が事実である場合、順接とは前の事柄に対して順当な事柄があとに来る関係をいう。
(2)①「来年の」は体言の「春」を修飾している。同じ「の」でも「先生の言うことを聞く」などの場合は主語をつくる「の」となる。
②「雲が」が主語、「流れる」が述語である。
③「食べる」という用言を、「パンを」が修飾している。
④仮定の逆接を示す接続助詞。仮定とはその事柄がまだ起きていない想像上の事柄である場合、逆接とは前の事柄に対して反対、もしくは予想外の事柄があとに来る関係をいう。

2
(1)助動詞と形容詞を見分ける問題。
①助動詞の「ない」は述語に打ち消しの意味をつけ加えるので、同じく打ち消しの意味をもつ「ぬ」に置き替えられれば助動詞。置き替えられなければ形容詞。ア「行かぬ」とは言うが、イ「場所がぬ」とは言わない。
②ア「かわいらしい」はこれで一語の形容詞。「らしい」はその活用語尾。
(2)①「人に」とあり、他から動作を受けるという意味で、受け身。
②「重ねることができる」という可能の意味を表す。なお、「走れる」などは動詞「走る」に可能の助動詞「れる」がついたものではなく一語の可能動詞であるので注意。
③自然にそうなるという意味で、自発。
④校長先生の動作を敬う意味で、尊敬。「先生が食べられる。」のように、尊敬か可能かまぎらわしくなる場合は、「先生が召しあがる。」などとする方がよい。

豚

p.76

ぴたトレ1

1
①えが（か） ②う ③とら ④あざ ⑤ひかく
⑥みりょく ⑦ふ ⑧かた ⑨すぶた ⑩どろ
⑪きすう ⑫ぐうすう

2
①エ ②ウ ③ア ④イ ⑤カ ⑥オ

p.77

ぴたトレ2

1
(1)1連目…ア 3連目…ウ 5連目…イ
(2)豚
(3)ウ

走れメロス

p.78

ぴたトレ1

1
①びんかん ②しゅくえん ③こば ④みけん ⑤ちょうしょう
⑥とうちゃく ⑦ふきつ ⑧よい ⑨ゆうゆう ⑩めいよ
⑪こぶし ⑫あいがん ⑬なぐ ⑭な ⑮ぼうかん
⑯あざむ ⑰ぎわく ⑱ひれつ ⑲かがや ⑳くうきょ

2
①ア ②イ ③ウ

3
①邪悪 ②信じる ③人質 ④誠実

p.79

ぴたトレ2

1
(1)ア
(2)ウ
(3)ア

p.80～81

ぴたトレ3 ①

1
(1)私は、今宵～ふるさと。
(2)イ
(3)イ
(4)例濁流を泳ぎきること。
(5)対岸の樹木～とができた
(6)例早くしないと約束を果たせないという焦り。

2
①機敏 ②請 ③軸足 ④大吉

考え方

1 (1)「私」という一人称《いちにんしょう》で、メロスが自分の行うべきことを、自分自身に対して、命令口調で言い聞かせている部分を読み取る。

(2)殺されることの覚悟を決めた。故郷への未練も断ち切った。妹ももう心配はない。「私には、今、なんの気がかりもないはずだ。」と「持ちまえののんきさ」を取り返し、しばし明るい気持ちになっていることを捉える。ウの「やる気に満ちた気持ち」は、明るい気持ちである点はよいが、ゆっくり、歌を歌いながらぶらぶら歩く様子からは読み取れない。

(3)——線③の前からメロスが泣く理由を捉える。昨日の豪雨で橋が壊れ、船もなく、渡し守《もり》の姿も見えない。流れはいよいよ激しさを増している。このままでは、予定までに王城に行き着くことができないかもしれないと思い、泣いているのである。この時点ではまだあきらめてはいないのでアは不適切。神との信頼関係それ自体が問題となっているわけではないので、ウも不適切。

(4)時が刻一刻とせまる中で、メロスが「泳ぎきるよりほかにない」と考えたことを読み取る。「川を」「濁流《だくりゅう》を」など、どこを泳ぐのかも説明したい。なお、ここでの「覚悟」は殺される覚悟ではないので注意。

(5)「憐憫《れんびん》」は、情けをかけること。メロスが濁流に押し流されながらも、最後には泳ぎきった部分を抜き出す。

(6)「すぐにまた先を急いだ。一刻といえども、無駄《むだ》にはできない。」とあることから、約束を果たそうと焦るメロスの心情を読み取り、まとめる。「約束」、「焦り」といった言葉がないと不正解。

p.82～83

ぴたトレ3 ②

1
(1)エ
(2)セリヌンティウス
(3)例群衆をかき分け、はりつけ台に登ったこと。
(4)ⓐ例途中で一度（セリヌンティウスを裏切る）悪い夢を見たから。
ⓑ例三日の間、たった一度だけ（メロスが戻らないのではないかと）メロスを疑ったから。
(5)ウ
(6)例信実とは、決して空虚な妄想ではなく、実在するものだと思えるようになった。
(7)例互いに強い信頼で結ばれた信実の存する仲間。

2 ①拳　②邪心　③戸惑　④輝

考え方

1 (1)「疾風」とは「速く吹く風」。メロスが最後の死力を尽くして全力で走る様子を捉えよう。前後の文章からフラフラと歩くように走る様子を想像してしまいがちだが、本文に忠実に読むこと。なお、このとき「群衆は、一人として彼の到着《とうちゃく》に気がつかない」とあるので、「人をなぎ倒して走りこむ」のウは不適切。

(2)「その人を殺してはならぬ」とメロスが言っていることから、殺されそうになっている人を文章中から探す。3行あとに「すでにはりつけの……縄《なわ》を打たれたセリヌンティウスは、徐々《じょじょ》につり上げられてゆく。」とあることから、メロスのために人質になって、はりつけにされている「セリヌンティウス」のことだとわかる。

(3)「最後の勇」とは「最後の勇気をふりしぼって」という意味。最後の勇気をふりしぼってメロスがしたことは、群衆をかき分け、殺されるために「私は、ここにいる！」と叫んではりつけ台に登ったこと。

(4)二人が「殴《なぐ》れ」という理由を、それぞれの発言から読み取る。メロスは「私は、途中で一度、悪い夢を見た。」、「君と抱擁《ほうよう》する資格さえない」と言い、セリヌンティウスは「私はこの三日の間、たった一度だけ、ちらと君を疑った。」と言っている。メロスは約束を破ろうとしたこと、セリヌンティウスはメロスの気持ちを疑ったことで、相手を一度裏切っている。そのことを罰してほしいと、互いに頼んでいるのである。

(5)互いに「ありがとう、友よ。」と言い「うれし泣き」をしていることに着目する。一度は相手を心で裏切ったが、殴り合い、再び強い信頼と確かな友情を確かめ合えたことに、喜びを感じている。この時点ではまだ命は助かっていないことに注意。

(6)――線⑤のあとにある王の言葉に着目する。「信実とは、決して空虚《くうきょ》な妄想ではなかった」と言っているということは、それまでは、信実は空虚な妄想にすぎないと思っていたということ。しかし刑場での二人の様子を見て、信実は実在するのだと思えるようになったのである。

(7)二人の友情が王にどのように見えたのかを考える。人間不信に陥っていた王が、約束を守り、互いに相手を信じ続ける二人の姿を見て、「信実」の存在が信じられるようになったことを押さえ、自分もそのような仲間がほしいと思ったことを読み取る。「信実のある、互いに本心から信じ合える仲間。」などでも正解。「信実」という言葉と、他に「強い信頼」、「強い絆《きずな》」などの内容がなければ不正解。

読解テクニック

1 (4) **その行動の前後の文章に注目する！**
人物の行動に対して「なぜですか」と聞かれたときは、行動の理由や原因を答えればよい。傍線部の周辺を注意深く探せば必ず見つかる。自分の想像だけで答えないように注意すること。

言葉の小窓3　類義語・対義語・多義語・同音語

p.84

ぴたトレ1

1 ①にぎ　②う　③そうい　④ほんだな　⑤ふ　⑥の

2 ①ウ　②カ　③エ　④ク　⑤ア　⑥キ　⑦オ　⑧イ

p.85

ぴたトレ2

1 ①イ　②ウ　③ア　④ア　⑤ア　⑥ウ

2 ①ウ　②イ　③ア　④エ　⑤カ　⑥オ

3 ①ア　②ウ　③ア

考え方

1 「ぶつかる」も「当たる」も、ともに物と物とが接触するという意味。意見や立場が相反するときには「当たる」は使わない。また④のような「該当《がいとう》する」という意味は「ぶつかる」にはない。

2 ①「物やお金を使う」という意味の「消費」が対義語。②「壊す」という意味である「破壊」の対義語は「つくる」という意味の「建設」。③「冷静」は「落ち着いている」様子、「興奮」は「頭に血がのぼっている」様子。「冷静」の類義語には「沈着」があり、「冷静沈着」の四字熟語としても使われる。④「必要なときだけ行う」という意味の「臨時」が対義語。⑤「冷たく、寒いこと」という意味の「寒冷」が対義語。⑥「一つのものが分かれること」という意味の「分解」が対義語。

3 ①「部屋の中へ入る」という意味のものを選ぶ。②「動きをなくす」という意味のものを選ぶ。③「物を何かにひっかけて落ちないようにする」という意味のものを選ぶ。

漢字の広場4　同音の漢字

p.86

ぴたトレ1

1 ①きせい　②きじょう　③ほてん　④じょこう　⑤はいせき　⑥れいとう　⑦しゅうとく　⑧かいこん　⑨こんい　⑩じゅよう　⑪じゅきょう　⑫ぼうがい　⑬しぼう　⑭ぼうせき　⑮りょうちょう　⑯りょうゆう　⑰めいりょう　⑱せっかい　⑲しんせん　⑳きゅうどう

2 ①ア　②ウ　③イ

p.87

ぴたトレ2

1 (1)①A連　B練　②A善　B膳　③A阻　B素　④A魔　B摩　⑤A険　B検　⑥A開　B解
(2)①覆　②復　③腹　④複　⑤服　⑥福

2 (1)①関心　②感心　③歓心
(2)①公園　②講演　③公演

考え方

2 ①「連」はつづくという意味をもつ。「練」はくり返し手をかけるという意味をもつ。②「善」はよいという意味。「膳」は料理をのせる台のことを表す。③「阻」は、じゃまをするという意味をもつ。「素」はありのままという意味。④「魔」は人を迷わせるものという意味。「摩」はこすれるという意味。⑤「険」は、あぶないという意味を表す。「検」は、取り調べるという意味。⑥「開」は、ひらくという意味を表す。「解」は、ばらばらにするという意味を表す。

2 ①「覆」は、おおうという意味。②「復」は、くりかえすという意味をもつ。③「腹」は、動物のはらを表す漢字。④「複」は二つ以上からなるものを表す。⑤「服」は身につけるものという意味。⑥「福」はさいわいという意味。

3 同音異義語は漢字の問題でよく出題されるので注意すること。

(1)①「気にかかる」という意味で「関心」。
②「心に深く感じる」という意味で「感心」。
③「歓心を買う」は「気に入られようとする」という意味の慣用句。
(2)①「公衆のために設けられた場所」という意味で「公園」。
②「話をすること」という意味で「講演」。
③「演劇などを演ずること」という意味で「公演」。

悠久《ゆうきゅう》の自然

p.88

ぴたトレ1

1 ①ころ ②くわ ③とちゅう ④ざっとう ⑤いそが ⑥とつぜん ⑦あっとうてき ⑧かたすみ ⑨みちばた

2 ①ウ ②イ ③オ ④カ ⑤ア ⑥エ

3 ①身近 ②遙か遠い

p.89

ぴたトレ2

1 (1)全てのもの (2)言葉を失う (3)アラスカの～もしれない

p.90～91

ぴたトレ3

1 (1)例僅か一週間の間にクジラに出会えたこと。
(2)例巨大なクジラが空中に舞い上がった情景。
(3)①例東京で忙しい日々を送っている時、アラスカの海でクジラが飛び上がっているかもしれないこと。
②悠久の自然
(4)日々の暮らしの中で関わる身近な自然
日々の暮らしと関わらない遙か遠い自然（順不同）
(5)例忙しくても悠久の自然を思って豊かに過ごす日々。

2 ①憧 ②揺 ③抱 ④雑踏

考え方

1 (1)僅《わず》か一週間の滞在期間中に「彼女」がクジラに出会えたことを、筆者は「幸運にも」と言っている。
(2)——線②の直前にある「それは」の指し示すものを探す。
(3)①——線③は筆者が「彼女」の言葉を言いかえたものであることを読み取る。「彼女」の言葉の「東京で忙しい日々を送っているその時」が「日々の暮らしに追われている時」、「アラスカの海でクジラが飛び上がっている」が「もう一つの別の時間が流れている」と対応している。
(4)「一つは」「もう一つは」に着目して抜き出す。
(5)友人である「彼女」は、アラスカの海でクジラが飛び上がるさまを見ることができ、「日々の暮らしと関わらない遙か遠い自然」を知ることができた。そのような自然は心を豊かにしてくれるので、忙しい日々に追われていてもそのことを思いうかべてほしいと願っているのである。「悠久の自然を知ったので、忙しい日々でも心豊かに過ごす日々。」などでも正解。

読解テクニック

1 (3)②**問題文の指定の字数の言葉に○をつける！**
言葉を抜き出す問題では、指定の字数は大きなヒントになるので、本文中の同じ字数の言葉に○をつけ、適切かどうか設問に戻って確認するとよい。

p.92〜93

扇の的——平家《へいけ》物語——

ぴたトレ3

1

(1)午後六時頃
(2)ⓐおりふし　ⓑゆりすえ　ⓒいうじょう
(3)①B　②A　③B
(4)①平家と源氏（順不同）　②ア
(5)例扇のまん中を射させてほしいということ。
(6)④鏑　⑤扇
(7)例与一の腕前に感嘆して舞いだした人物を射る風流心のなさ。

2

①奇襲　②遭　③端　④挑発

考え方

1

(1)子《ね》の刻《こく》（午前0時）から始まって、二時間おきに、丑《うし》、寅《とら》、卯《う》、辰《たつ》、巳《み》、午《うま》（正午）、未《ひつじ》、申《さる》、酉《とり》、戌《いぬ》、亥《い》で二十四時間を表す。

(2)ⓐⓑ「ゑ・を」は「え・お」になる。ⓒ語頭以外の「は・ひ・ふ・へ・ほ」は「わ・い・う・え・お」になる。また、「ぢ」は「じ」に、「ア段＋う」は「オ段の長音」になるので、これを組み合わせて直す。

(3)与一《よいち》は、伊勢三郎義盛《いせのさぶろうよしもり》の合図で「年五十ばかりなる男《をのこ》」を射倒したので、与一と伊勢三郎義盛は同じ方、「年五十ばかりなる男」はその敵方ということになる。与一が男を射たとき、平家方は静まり返り、源氏《げんじ》方は喜んでどよめいたことから、与一は源氏方。

(4)①「いづれも」とは、沖《おき》で見物している平家と陸で見ている源氏。
②「晴れならずといふことぞなき」は、二重否定の構文。「〜でないことはない」とは、つまり肯定《こうてい》の意味になる。

(5)直前の「南無八幡《なむはちまん》……この矢はづさせたまふな。」が祈念《きねん》した内容。矢が扇に当たりますようにと祈ったのである。

(6)いずれも前の文にある。主語は省略されがちなので、文脈に注意すること。

(7)ここでの「情けなし」は「風流心を解さない」という意味。平家ではなく、源氏のしうちに対する否定的な感想である。

---

p.94〜95

季節をうたう

ぴたトレ3

1

(1)①花ぬかばさ
ふきるウグイス
野山ぬ緑色まさてぃ（順不同）
②春でぇむん
(2)ア・イ・エ
(3)エ
(4)イ
(5)ア

2

①監視　②督促　③翼　④石碑

考え方

1

「春でぇむん」は沖縄の春、「麗日《オデンキ》」は青森の春をうたった詩である。両作品とも漢字、平仮名、片仮名を駆使《くし》して、方言独特の、文字にしにくい言葉の響きを読む人に感じさせようとしている。

(1)花の匂いや鳴いているウグイス、野山の緑の色のあざやかさに、作者は春を感じている。

(2)「いいあんべぇ」「春でぇむん」という言葉が繰り返され、歌うような心地よいリズムを生み出し、心地よさや喜びを伝えている。

(3)方言で書かれているため、その土地の情景がより鮮やかに想像される。

(4)「くちぶえ」ではなく「クヅブエ」などと書かれている。片仮名の読み仮名は全て津軽《つがる》弁である。平仮名で読み仮名がつけられているものは、共通語と同じように発音する語なのだと考えられる。

(5)春のうららかな気候の到来を喜ぶ作者の思いが、地元の言葉で素朴に描かれている。

字のない葉書

p.96

ぴたトレ3

1
(1)例できる限りのことをして、妹を喜ばせたかったから。
(2)例父は（妹をよろこばせたいという）私や弟の気持ちをわかっていたし、父も同じ気持ちだったから。
(3)①はだしで表へ飛び出した（。）
やせた妹の肩を抱き、声をあげて泣いた（。）（順不同）
②例無事に帰ってきたことを喜びつつ、つらい思いをさせて申し訳ない気持ち。

考え方

1
(1)同じ段落の「これ位しか妹を喜ばせる方法がなかったのだ。」に着目する。「妹を喜ばせたい」という思いが書かれていればよい。
(2)父は、「私と弟」の気持ちがわかっていたし、父も妹を喜ばせたい気持ちは同じだったので、何も言わなかったのである。
(3)①弟が「帰ってきたよ！」と叫んだあとの父の行動に着目する。妹に対する父の深い愛情が伝わる場面である。
②①で抜き出した父の行動からまとめる。「はだしで表へ飛び出した」ことから、娘に会うことを待っていた様子がうかがえ、「やせた妹の肩を抱き、声をあげて泣いた」ことからは、娘につらい思いをさせてしまったことを悔いる様子がうかがえる。「妹と再会でき安心する気持ちと、つらい思いをさせたことを悔いる気持ち。」などでも正解。

p.98

定期テスト予想問題 1

(1)脳溢血で、
(2)例自分の部屋が使えない上に、どこにいても注意されるから。
(3)目を真っ赤
(4)例言われたとおりにしてもどうにもならない不愉快さ。

考え方

(1)祖父の亡くなった原因や少年との別れ方について書かれている部分を探す。祖父の口癖のあとに、「脳溢血《いっけつ》で、お別れの言葉を交《か》わす間《ま》もなく」亡くなったと、書かれている。
(2)直後の少年の様子に着目する。「二階の自分の部屋は、親戚《しんせき》の着替えのための部屋になった」や、母や叔母《おば》、漁協の組合長から注意されていることを押さえ、まとめる。
(3)直前の叔母の様子に着目する。「目を真っ赤に泣きはらした」から祖父の死を悲しむ様子がわかる。
(4)直前、直後のできごとが「そのくせ」という少年の気持ちにつながっている。母や叔母達の言うとおりにしているのに行く先々で注意されたり、最後には漁協の組合長から祖父のそばにいてあげなさいと言われて、行ってみたものの、座る場所がなかったり、ということなどへの不満がわかる。

p.99

定期テスト予想問題 2

(1)Aゆがみなく　B一斉に変色　C中心が一点
(2)盆
(3)花火玉を、～に開かせる
(4)花火が開く時の直径

考え方

(1)前の段落に「理想とする花火の姿」「それぞれの条件」とあるので、その間で述べられていることを字数に合わせて抜き出す。
(2)花火が開花する時の全体の形を「球体」と言っているので、そのような様子を述べた部分を探す。すると最終段落に「花火玉が開いて、星が一斉に飛び散って作る全体の形のことを『盆』という」とあるのがわかる。
(3)「このタイミング」とは、花火玉を開かせるタイミングのこと。直前の部分から、花火玉は「上昇《じょうしょう》から落下に転ずる一瞬《いっしゅん》止まった時」に開くのが欠かせない要素で、それ以外のタイミングで開くと、丸く開かないと書かれている。
(4)「それをより大きく見せ」とあるので、花火玉ではなく、観客から見える「花火が開く時の直径」を指している。

読解テクニック

1 (4)指示語の前の部分に線を引く！
指示語の内容を問われる問題は、その前の部分に答えがあることが多い。指示語を含む文の前の部分、もしくは前の一文に線を引き、その中から指示語の内容を探すようにするとよい。

p.100

定期テスト予想問題 3

(1)例溶岩流の末端部に湧水があったから。
(2)イ
(3)約一万年前以降・十万年前（順不同）
(4)A溶岩流　B四方八方へと流下

考え方

(1)筆者が富士山の地下で水がどのように流れているかを調べ、「溶《よう》岩《がん》流の末端部に湧水《ゆうすい》があることがわかる」という結果を得た。これをきっかけに「溶岩流が、地下水の流れる道となっているのかもしれない」という仮説を立てたのである。
(2)地下水は「山頂や山腹にもたらされた降水」という点をおさえ、

山頂・山腹→地層、という流れを、「洞穴の中には、地下水が地層からしみ出ている場所もある」から、地層→洞穴の流れをおさえる。

(3)「約一万年前以降の新しい溶岩と、新しい溶岩流に押しつぶされて硬《かた》くなった十万年前の溶岩」から、時期を読み取る。

(4)「すなわち」というまとめの接続語ではじまる最後の一文に着目する。仮説のとおり溶岩流が水の流れる道であり、四方八方、さまざまな方向へ流下していることをおさえる。

p.101

定期テスト予想問題 4

(1)将来や未来

(2)スポーツだ～れるだろう

(3)うまく水を～にとれない

(4)例スポーツ義足で走るランナーの軽やかに疾走する姿に刺激を受けたから。

考え方

(1)直前の、友達の「将来や未来へ向かう明るいものばかり」の話題とは対照的な状況に筆者が置かれていることから考える。

(2)筆者は「目標をもって」ここから「脱出《だっしゅつ》し」ようと考えているので、筆者がどのような新しい目標をもとうとしたのかを読み取る。

(3)「うまく水をキックできないし、バランスも上手にとれない」の表現から、苦労を感じている筆者の体験談を捉える。

(4)筆者は目標をもってスポーツをするためにプールで泳ぐなど方法を探し始める。そして陸上競技場に行き、その中で義足ランナーに刺激を受け、「走ってみることにした」のである。

p.102

定期テスト予想問題 5

(1)例紙管の間仕切りを開発した。

(2)例手軽に安く組み立てられる仕組みにした。
家族の人数に応じて広さを変えられるようにした。

(3)例約五十か所の避難所に紙管の間仕切りを提供することができた。

(4)例自治体の担当者に提案してもなかなか理解してもらえなかったから。

考え方

(1)筆者は避難《ひなん》者のプライバシーを確保するために、「紙管《しかん》の間仕切りを開発」するという行動を取った。

(2)筆者は開発した紙管の間仕切りを、新潟県中越《ちゅうえつ》地震や福岡県西方《せいほう》沖《おき》地震での経験を経て、「手軽に安く組み立てられる仕組みにしたり、家族の人数に応じて広さを変えられるようにしたりする」という改良を加えた。

(3)東日本大震災の避難所での紙管の間仕切りの受け入れは断られ続けたものの、最後の段落で、「約五十か所の避難所に提供できました」としている。

(4)筆者は避難所を回ったものの、「自治体の担当者に提案してもなかなか理解してもらえず」間仕切りの受け入れはなかなか進まなかったと述べている。

p.103

定期テスト 予想問題 6

(1) a いくさ
b 父

(2) ①あまりにいとほしくて
②例 後ろに味方の兵が続いているのを見たから。

(3) 例 武士の家に生まれていなければつらい目に合わずに済んだと悲しむ気持ち。

考え方

(1) ――線①の前の部分に着目して、直実《なおざね》が敦盛《あつもり》を「この人一人討《う》ちたてまつたりとも、負くべきいくさに勝つべきやうもなし。また討ちたてまつらずとも、勝つべきいくさに負くることもよもあらじ。」といくさの勝敗には関係ないとしていること、討った場合に敦盛の父が「いかばかりか嘆《なげ》きたまはんずらん」と心配していることを読み取る。

(2) ①直実は敦盛を討つことは望んでおらず、そういった気持ちが「泣く泣く」に表れている。悲しい気持ちなので、「あまりにいとほしくて」と敦盛をかわいそうだと思っている部分を抜き出す。
②敦盛を助けたいと思ったが、「後ろをきつと見ければ、土肥《とい》、梶原《かじわら》五十騎《き》ばかりで続いたり」という状況になっており、直実が「味方の軍兵《ぐんぴょう》、雲霞《うんか》のごとく候《そうろ》ふ」と発言していることから読み取る。

(3) 敦盛を討った後、直実は武士の家に生まれてしまったが故に、討たざるを得なかったことを悔やみ、悲しんでいる。このことをまとめる。

読解テクニック

1 (3) 登場人物の行動から気持ちを読み取る！
「泣きゐたる」という行動から、直実は悲しんでいることがわかる。「涙をおさへて」や「袖に顔を押しあてて」からも悲しみが読み取れる。行動から登場人物の気持ちは読み取れるのである。

p.104

定期テスト 予想問題 7

(1) イ

(2) 行願寺のほとり

(3) 例 食われない

(4) 例 法師が飼っている犬が、飼い主をみとめて飛びついたということ。

考え方

(1) 猫または、奥山だけでなく人里近くにも出て人をとるとあるので、ア・ウは不適切。エは、奥山でなくても、年を経て変化すると、猫が猫またになるとあるので、不適切。

(2) 「……連歌《れんが》しける法師《ほうし》の、行願寺《ぎょうがんじ》のほとりにありける……」とある。

(3) 法師は、人を食う猫またが人里にも出ると聞いて、恐ろしくなっている。「会わない」「おそわれない」などの答えでもよい。

(4) 猫まただと思ったものが実際には何であったか、また、食おうとしたのではなくてどうだったのか、この話のオチは最後の一文にある。

p.105

定期テスト 予想問題 8

(1) 己

(2) 置き字

(3) エ

(4) 不・也（順不同）

(5)イ

考え方

(1)「人」はここでは「他人」の意味で使われており、これと対照的な意味を表しているのは「己（自分）」ということになる。
(2)「也」や「乎」も置き字になることがある。読み仮名や送り仮名があるときは読むので、注意が必要である。
(3)自分がいやなことは相手もいやだろうと思う気持ちを表す言葉である。
(4)日本語で助詞・助動詞として訓読する漢字は、書き下し文に直すとき、平仮名にする。「不」「也」はいずれも日本語の助動詞になる。
(5)実際に知っている以上のことを知っているようなふりをしてはいけない、ということ。

p.106

定期テスト予想問題 9

(1)ア
(2)例清が、「俺」のことを非常にかわいがってくれたこと。
(3)（あなたは、）まっすぐでよいご気性だ。
(4)例清が「俺」を褒めちぎりうれしそうにしていること。

考え方

(1)直前の「俺」の心情に着目する。「俺」はおやじが怖くないのに、清《きよ》がおやじの怒りを解こうと泣きながら謝《あやま》ってくれたのでそのことを気の毒だと感じている。
(2)前後の内容に着目する。家族ですらもてあましている「俺」を、清が「非常にかわいがってくれた」ことが、不思議なのである。
(3)直前に「清がこんなことを言うたびに」とあるので、「こんなこと」の内容が「お世辞」にあたることを押さえる。この前にある清が「俺」を褒《ほ》める発言を「お世辞」と感じているとわかる。
(4)「清のようにちやほやしてくれるのを不審に考えた」「自分の力で俺を製造して誇ってるように見える」などから、清が「俺」を褒める理由がわからず、「気味が悪かった」のである。

p.107

定期テスト予想問題 10

(1)A・C
(2)雛罌粟
(3)イ
(4)①十五　②草　③空
(5)ウ

考え方

(1)Aは「雛罌粟《コクリコ》」、Cは「十五の心」で歌が終わっているので、体言止めである。歌の中で該当する箇所を強調する効果がある。
(2)「雛罌粟」はヒナゲシのこと。五月のフランスで、野原にヒナゲシの花が咲き乱れていることを「火の色」と表現しているので、赤い色をしている「雛罌粟」を指している。
(3)「いのち」は目に見えるものではないので、比喩的な表現であることを捉える。「母のいのち」が生きている母の姿を示した言葉であり、「ただにいそげる」とあることから、危険な状態だがまだ生きている母に会いたくて急いでいることを読み取る。なお「見ん」は「見よう」という作者の意志を表している。
(4)作者が自身の少年時代を回想している歌。「不来方《こずかた》のお城」とは盛岡城の別名で、作者は中学校時代を盛岡で過ごしている。
(5)海を見たことがない少女に対して、作者が両手を広げて海の広さを懸命に説明している様子を詠んだ歌。

定期テスト予想問題 11

(1)ア
(2)有頂天・青空のような一つの幸福
(3)例写真が若かったから。
(4)イ

考え方

(1)「彼」は、殺人を犯したという思い込みがまちがいだったと思い、苦しみから解放された。しかし質問をしたために、「彼女」の母親が「彼女」の死のショックで「気がちがっ」てしまったこと、目の前の葬列は「彼女」の母親のものであり、「彼女」の死はやはり自分のせいであったことを知ることになった。質問しなければ幸せな気持ちのままこの町を去ることができたのに、質問したがために前よりもつらい罪の意識を背負うことになってしまったので、「よけい」と言っているのである。
(2)「うきうきした」という言葉から、「彼」は自ら殺人を犯していないと知り、苦しみから解放され舞い上がっている様子がわかる。これを表した「有頂天《うちょうてん》」「青空のような一つの幸福」という言葉を抜き出す。
(3)「彼」はおばさんの写真を見て、「せいぜい三十くらいじゃないか」と、若い女性だと思っている。若い女性が「気がちがっちゃって」「自殺しちゃった」理由を、「失恋」したと思いこんでいるのである。
(4)子どもの「だってさ」で始まる発言で、「このおばさん」は、機《き》銃《じゅう》で撃《う》たれて死んだ「一人きりの女の子」の母親であるとわかる。

定期テスト予想問題 12

(1)①イ
②自らは何も～ないでいる
(2)オルカ（シ～理学者たち
(3)例鯨や象の「知性」は、人の「知性」とは別物ではないか。

考え方

(1)①直後の一文に着目する。現代人は、「知性」を「地球の全生命の未来を左右できるほどに科学技術を進歩させた」人間だけの能力だと考えているため、――線①のように考えることを押さえる。②次の段落まで読み進め、人間とは異なる存在であると考えていることを示す部分を探す。
(2)鯨《くじら》や象が、人の「知性」とは異なる「知性」をもっているのではないか、という疑問を生み出した人々のことを指している。最終段落に、その人々の具体的な立場が述べられているので、その部分を抜き出す。
(3)前の段落で、象や鯨の知性を「全く別種」、人間とは違って「もう一方の面」に存在するのではないかと疑問を述べている。鯨や象と人間の「知性」が異なるのではないか、ということが書かれていれば正解。

読解テクニック

(1)②**設問の条件に○をつける！**
設問文に「～○○。」という言葉につながるように、という指定があった場合には内容が合っていてもつながりが不自然だと不正解になる。指定条件に○をつけ、見落とさないようにするとよい。

p.110

定期テスト予想問題 13

(1)「学び足り～があること
「師（先生）～とすること
(2)①「私はもう～っている人
物事に興味～いような人
②学力のない人
(3)例意欲があっても（師がいないと）学びが始まらないから。

考え方

(1)「第一の条件は……」、「第二の条件は……」に続く部分で、それぞれ端的にまとめた言葉を抜き出す。なお、「無知の自覚」は「『学び足りなさ』の自覚」と内容的には同じだが、「『無知の自覚』といってもよい」では条件の説明になっていないので不可。
(2)①「無知の自覚」とは、「自分には『まだまだ学ばなければならないことがたくさんある』という『学び足りなさ』の自覚」のこと。この反対のことが書いてある部分を探す。
②①で抜き出した「無知の自覚」がない人のことを筆者は「学力がない人」と述べている。
(3)直後の一文に、筆者が、「これができないと学びは始まりません」と述べていることを読み取る。「誰に教わったらいいのかわからない」と思っている人を「学力がない」人だと述べていることから、教わる人を自分で見つけだすことが、学びを始めるには必要であると考えていることがわかる。

---

p.111

定期テスト予想問題 14

(1)三
(2)ア
(3)豚
(4)イ

考え方

(1)第三連は、豚を食肉として捉えた場合、その部位にあたる言葉が羅列されている。
(2)「目を細める」は、「うれしそうに顔にほほえみをうかべる」意。ここでは豚が背中を泥にこすりつけているのが好きだったことがわかる。
(3)主語が省略されている。題名や内容が「豚」のことを描いていることから、ここでも主語となる「豚」が省略されていると考えられる。
(4)第一連は、ハムやソーセージなど豚肉を加工した食品を並べている。第三連は豚肉の部位の名前を並べている。第五連は豚肉を使った料理の名前を並べている。第七連は豚の体を呼ぶ時の名前を並べている。

定期テスト予想問題 15

(1) 買い物を、
(2) その王の顔
(3) (メロス) 最も恥ずべき悪徳 (だ)
(王) 正当の心がまえ (なのだ)
(4) 例 人の心を本当は信じたいが、信じられず悩む気持ち。

考え方

(1) 直後の一文からメロスの単純な性質を読み取る。「買い物を、背負ったままで、のそのそ王城に入っていった。」ことからは、思い立ったら即行動に移すような単純さ、裏を返せば計画性のない向こう見ずな性質がうかがえる。

(2) 誰にも理解されず、一人苦悩している王の表情を探す。「蒼白《そうはく》」、深く刻み込まれた「眉間《みけん》のしわ」に苦しみが表れている。「蒼白」とは顔色の悪いさま。

(3) 「人の心を疑う」ことについて、メロスは「最も恥ずべき悪徳」であると考え、王は「疑うのが、正当の心がまえ」であると考えている。二人の考え方が対照的であることを押さえる。ここからも王の孤独な心情が読み取れる。

(4) 前後の王の言葉と――線④の王の様子から考える。前の部分では、「疑うのが、正当の心がまえ」「人の心は、あてにならない」「人間は、もともと私欲の塊《かたまり》」「信じては、ならぬ」と人間を信じられない王の気持ちがうかがえる。後の部分は「わしだって、平和を望んでいるのだが」とあり、民を信じたくとも思うようにいかない様子がうかがえる。――線④の部分で王はため息をついており、このことで悩んでいることがわかる。

教科書ぴったりトレーニング付録

赤シート×直前対策!

ぴたトレ mini book

教科書で習った順に
覚えられる!

新出漢字チェック!

国語 2年 教育出版版 完全準拠

\ 赤シートで文字をかくせば両方に使えるよ! /

書き取り

読み取り

「ぴたトレ mini book」は取り外してお使いください。➡

間違えやすい漢字は□の色が赤いよ!

虹の足

教 14〜17ページ

□ ① にじが見える。（虹）
□ ② かんめんをゆでる。（乾麺）
□ ③ 赤ちゃんをだく。（抱）
□ ④ ほおがゆるむ。（頰（頬））

タオル

教 20〜35ページ

□ ① 着物の帯をしめる。（締）
□ ② しんせきが集まる。（親戚）
□ ③ ごしゅうしょうさまと言う。（愁傷）
□ ④ さいだんの前に行く。（祭壇）
□ ⑤ かたを回す運動をする。（肩）
□ ⑥ ボールをける。（蹴）
□ ⑦ おばは母の妹だ。（叔母）
□ ⑧ がっしょうして拝む。（合掌）
□ ⑨ しょうこうの作法を守る。（焼香）
□ ⑩ ここちよい風。（心地）
□ ⑪ 宿にとまる。（泊）
□ ⑫ さんそうを利用する。（山荘）
□ ⑬ やっかい払《ばら》いをされる。（厄介）
□ ⑭ 本をしょうかいする。（紹介）
□ ⑮ 大きな魚をつる。（釣）
□ ⑯ いっせきの船。（一隻）
□ ⑰ こばちに入った料理。（小鉢）
□ ⑱ しゅんの食べ物。（旬）
□ ⑲ 料理にす味噌《みそ》を付ける。（酢）
□ ⑳ あまいパンを食べる。（甘）
□ ㉑ けんぱいをする。（献杯）
□ ㉒ ふうとうを買う。（封筒）
□ ㉓ 姉ははたちだ。（二十歳）
□ ㉔ 野菜を市場におろす。（卸）
□ ㉕ コートをハンガーにかける。（掛）
□ ㉖ ふんいきがよい。（雰囲気）
□ ㉗ 家業をつぐ。（継）
□ ㉘ 急いでれんらくをする。（連絡）
□ ㉙ ぐそくがお世話になります。（愚息）
□ ㉚ くやしい思いをする。（悔）

□㉛ 手をふく。（拭）
□㉜ 風《ふ》ろに入る。（呂）
□㉝ あやしい人影。（怪）
□㉞ かん桶《おけ》に花を入れる。（棺）
□㉟ めいどのみやげ。（冥土）

漢字の広場1　まちがえやすい漢字　教 40〜41ページ

□① けんそんした言い方。（謙遜（遜））
□② けんえん運動が盛んだ。（嫌煙）
□③ しんしゅくするセーター。（伸縮）
□④ しんしのたしなみ。（紳士）
□⑤ ある地点のいどを調べる。（緯度）
□⑥ 先生のけんりょを仰ぐ。（賢慮）
□⑦ けんるいを築く。（堅塁）
□⑧ 体力をしょうもうする。（消耗）
□⑨ しょうさんナトリウム。（硝酸）
□⑩ 道の脇のそっこう。（側溝）
□⑪ 商品のこうばい層を調べる。（購買）
□⑫ ささいなことがら。（事柄）
□⑬ ざぜんを組む。（座禅）
□⑭ 吉《きっ》しょうをもたらす。（祥）
□⑮ ながそでの服を着る。（長袖）
□⑯ コートのえりを立てる。（襟）
□⑰ たんれんを積む。（鍛錬）
□⑱ しょくぜんにつく。（食膳）
□⑲ 屋根のしゅうぜん。（修繕）
□⑳ かっしょくの布。（褐色）
□㉑ かっさいを浴びる。（喝采）
□㉒ 進行をそしする。（阻止）
□㉓ そぜいを取り立てる。（租税）
□㉔ そしなを進呈《しんてい》する。（粗品）
□㉕ 宝石をけんまする。（研磨）
□㉖ まさつが起きる。（摩擦）
□㉗ けんやくした生活。（倹約）

漢字の練習1　教 43ページ

□① におう立ちになる。（仁王）
□② おおやけに発表する。（公）

□③ こくだかが下がる。（石高）
□④ 憧《あこが》れの仕事につく。（就）
□⑤ ほがらかな人。（朗）
□⑥ いっついの置物。（一対）
□⑦ うつわを用意する。（器）
□⑧ あざのつく住所。（字）
□⑨ まだやみ上がりだ。（病）
□⑩ たづなをつかむ。（手綱）
□⑪ いくさが終わる。（戦）
□⑫ 合理化をはかる。（図）
□⑬ 試合にのぞむ。（臨）
□⑭ めがしらを押さえる。（目頭）
□⑮ 薬をあきなう店。（商）
□⑯ 信用をそこなう。（損）
□⑰ 体力がいる。（要）
□⑱ うじがみ様をまつる。（氏神）
□⑲ かろやかな動き。（軽）
□⑳ ちのみ子をあやす。（乳飲）
□㉑ チョウのうか。（羽化）
□㉒ 生徒をいんそつする。（引率）
□㉓ べんぜつをふるう。（弁舌）
□㉔ まだじゃくねんの私。（若年）
□㉕ るいじの商品。（類似）
□㉖ ちきを得る。（知己）
□㉗ 制服をたいよする。（貸与）
□㉘ みょうじょうが見える。（明星）

日本の花火の楽しみ

教 46～53ページ

□① おうべいの文化を学ぶ。（欧米）
□② みりょくのある人。（魅力）
□③ シャープペンシルのしん。（芯）
□④ 論理がはたんしている。（破綻）
□⑤ 気温がじょうしょうする。（上昇）
□⑥ 花火のよいんを味わう。（余韻）
□⑦ 日本がほこる文化。（誇）
□⑧ なんのあとかたもない。（跡形）
□⑨ 心のきんせんにふれる。（琴線）

水の山　富士山

教54～60ページ

□① 山のふもとでの暮らし。（麓）
□② ゆうすいの有名な場所へ行く。（湧水）
□③ 参加者が千人をこす。（超）
□④ ようがんが流れ出す。（溶岩）
□⑤ ねばり気のある土。（粘）
□⑥ きょだいなビル。（巨大）

夢を跳ぶ

教72～79ページ

□① 病院でますいをする。（麻酔）
□② 夜道を歩くのがこわい。（怖）
□③ しゅようを取り除く。（腫瘍）
□④ 十九さいの兄。（歳）
□⑤ きんきゅうの用事。（緊急）
□⑥ 本とはむえんの生活。（無縁）
□⑦ 学校から家までのきょり。（距離）
□⑧ あこがれの職業。（憧）
□⑨ 近所のむすめ。（娘）
□⑩ 意見にこうぎする。（抗議）
□⑪ えいようざいを飲む。（栄養剤）
□⑫ けがをちりょうする。（治療）
□⑬ 急いで家にもどる。（戻）
□⑭ 部屋に引きこもる。（籠）
□⑮ 苦境からだっしゅつする。（脱出）
□⑯ 練習をくり返す。（繰）
□⑰ 公共のしせつ。（施設）
□⑱ ぎしを作る人。（義肢）
□⑲ 全力でしっそうする。（疾走）
□⑳ しげきを与える。（刺激）
□㉑ 限界にちょうせんする。（挑戦）
□㉒ 優勝をねらう。（狙）
□㉓ 風船をふくらます。（膨）
□㉔ ふくしの仕事。（福祉）
□㉕ こうれいの方に席をゆずる。（高齢）
□㉖ 困難を乗りこえる。（越）
□㉗ つらいめにあう。（遭）
□㉘ しんさいの発生。（震災）

間違えやすい漢字は□の色が赤いよ!

□㉖ ひさいからの復興。（被災）

漢字の広場2　漢字の成り立ち

教 90～91ページ

□① かじゅうを搾《しぼ》る。（果汁）
□② はっかん作用のある食品。（発汗）
□③ 窓に木のわくをつける。（枠）
□④ とつレンズを見る。（凸）
□⑤ 制度がほうかいする。（崩壊）
□⑥ きゅうだい点を取る。（及第）
□⑦ おうめんきょうを見る。（凹面鏡）
□⑧ きんこの刑《けい》に処せられる。（禁錮）
□⑨ おでんにくしをさす。（串）
□⑩ 津《っ》々《っ》うらうら。（浦々）
□⑪ みさきを船が通る。（岬）
□⑫ 鳥がこを描く。（弧）
□⑬ そちょうようの制度。（租調庸）
□⑭ きその問題を解く。（基礎）
□⑮ 犯人がしっそうする。（失踪）
□⑯ とくがくの士。（篤学）
□⑰ 金貨をちゅうぞうする。（鋳造）
□⑱ 将来をしょくぼうされる。（嘱望）
□⑲ けんぎょうの農家。（兼業）
□⑳ 議員をしょうしゅうする。（召集）
□㉑ かんじょうを払《はら》う。（勘定）
□㉒ りんじんと相談する。（隣人）
□㉓ 雨なのでかさをさす。（傘）
□㉔ はくらい品のコップを買う。（舶来）
□㉕ ちょうけいはテニスの選手だ。（長兄）
□㉖ 貴重な時間をさく。（割）
□㉗ 植物のほうし。（胞子）
□㉘ たいほうの設置。（大砲）

紙の建築

教 104～113ページ

□① 厳しい暑さにたえる。（耐）
□② はんしん地方の天気。（阪神）
□③ 老木をばっさいする。（伐採）
□④ ひなん訓練を行う。（避難）
□⑤ じんそくに対応する。（迅速）

□⑥ 間違いをしてきする。（ 指摘 ）

漢字の練習2

教 119ページ

□① かぶきを見る。（ 歌舞伎 ）
□② ごうぜんたる態度。（ 傲然 ）
□③ こくさいを買う。（ 国債 ）
□④ 将来を期待されるしゅんえい。（ 俊英 ）
□⑤ せんにんの伝説。（ 仙人 ）
□⑥ おごそかなそういん。（ 僧院 ）
□⑦ ただし書きを読む。（ 但 ）
□⑧ 敵地をていさつする。（ 偵察 ）
□⑨ 文をへいきする。（ 併記 ）
□⑩ ほうきゅうをいただく。（ 俸給 ）
□⑪ はんりょとの暮らし。（ 伴侶 ）
□⑫ りんりを学ぶ。（ 倫理 ）
□⑬ こんいんの届け。（ 婚姻 ）
□⑭ しっとを感じる。（ 嫉妬 ）
□⑮ じょさいなくふるまう。（ 如才 ）
□⑯ 会長のれいじょう。（ 令嬢 ）
□⑰ 本家のちゃくりゅう。（ 嫡流 ）
□⑱ 美しいはなよめ。（ 花嫁 ）
□⑲ チームのかんとく。（ 監督 ）
□⑳ クラスのめいぼ。（ 名簿 ）
□㉑ かんぺきな仕上がり。（ 完璧 ）
□㉒ 剣道のけいこ。（ 稽（稽）古 ）
□㉓ ノートをへんきゃくする。（ 返却 ）
□㉔ 選手せんせいを行う。（ 宣誓 ）
□㉕ 川のあさせを歩く。（ 浅瀬 ）
□㉖ すいそうの中の金魚。（ 水槽 ）
□㉗ はばつ争いが起こる。（ 派閥 ）
□㉘ 準備がかんりょうする。（ 完了 ）

敦盛の最期——平家物語——

教 122〜131ページ

□① 国のぼつらく。（ 没落 ）
□② かねの音が鳴る。（ 鐘 ）
□③ 沙羅《しゃら》そうじゅの香りがする。（ 双樹 ）
□④ 盛者《じょうしゃ》ひっすいの運命。（ 必衰 ）
□⑤ 文明がほろぶ。（ 滅 ）

間違えやすい漢字は□の色が赤いよ!

□⑥ 味方のじんち。（陣地）
□⑦ けしょうをする。（化粧）
□⑧ かたきうちをする。（敵討）
□⑨ 馬に乗ったきし。（騎士）
□⑩ にしきを飾る。（錦）
□⑪ ほっしんし、修行《しゅぎょう》する。（発心）

随筆の味わい――枕草子・徒然草――

教 132～140ページ

□① ずいひつを読む。（随筆）
□② まくらを高くする。（枕）
□③ ほたるが光る。（蛍）
□④ とんぼが飛びかう。（交）
□⑤ しもが降りる。（霜）
□⑥ じじょが仕える。（侍女）
□⑦ あまそぎの少女。（尼）
□⑧ かまくら時代のできごと。（鎌倉）
□⑨ おごそかな雰囲気。（厳）

漢字の練習3

教 141ページ

□① はしげたを支える柱。（橋桁）
□② きんさでの勝利。（僅(僅)差）
□③ 作品のもほう。（模倣）
□④ 洪水《こうずい》のおそれがある。（虞）
□⑤ 動物のひふ。（皮膚）
□⑥ せつじょくを遂《と》げる。（雪辱）
□⑦ ひじで小突く。（肘）
□⑧ 豪華な御《ご》てん。（殿）
□⑨ どれい制度の廃止。（奴隷）
□⑩ 屋根のかわらを修理する。（瓦）
□⑪ にょういをもよおす。（尿意）
□⑫ 川がはんらんする。（氾濫）
□⑬ はんせい改革に取り組む。（藩政）
□⑭ なべぶたを開ける。（鍋蓋）
□⑮ もうどうけんの訓練。（盲導犬）
□⑯ 地球のたいきけん。（大気圏）
□⑰ 自由をきょうじゅする。（享受）
□⑱ けんちょな効果がある。（顕著）
□⑲ 重要なかしょ。（箇所）

□⑳ らくのうを営む。（酪農）
□㉑ 事故のひんどを調べる。（頻度）
□㉒ 幕でしゃへいする。（遮蔽（蔽））
□㉓ 船のざんがい。（残骸）
□㉔ 結果をちくいち報告する。（逐一）
□㉕ 山の中のきょう谷《こく》。（峡）
□㉖ 土砂のたいせき。（堆積）
□㉗ きんこうを保つ。（均衡）

二千五百年前からのメッセージ――孔子の言葉――

教 142～145ページ

□① こうしの伝記。（孔子）
□② いっぱんてきな考え。（一般的）

坊っちゃん

教 146～161ページ

□① じょうだんを言う。（冗談）
□② 刀のはが光る。（刃）
□③ 大丈夫とうけ合う。（請）
□④ 手のこうをぶつけた。（甲）
□⑤ きずあとが残る。（傷痕）
□⑥ 近所のしちや。（質屋）
□⑦ 足がすべる。（滑）
□⑧ 田畑をあらす。（荒）
□⑨ すもうをとる。（相撲）
□⑩ 足で踏みつぶす。（潰）
□⑪ しりもちをつく。（尻）
□⑫ 孟《もう》そうの竹。（宗）
□⑬ しばいの練習。（芝居）
□⑭ ちょうえきの罰。（懲役）
□⑮ 母におこられる。（怒）
□⑯ しっかりしたしょうぶん。（性分）
□⑰ 父としょうぎをさす。（将棋）
□⑱ 持ちごまが増える。（駒）
□⑲ 素直《すなお》にあやまる。（謝）
□⑳ 一気にれいらくする。（零落）
□㉑ 外出をあきらめる。（諦）
□㉒ 努力をほめられる。（褒）
□㉓ 白いたびを履く。（足袋）
□㉔ えんぴつを削る。（鉛筆）

間違えやすい漢字は□の色が赤いよ!

□㉕ 犯人をさがす。（捜）
□㉖ 昔のいちえんさつ。（壱円札）
□㉗ とてもくさい。（臭）
□㉘ おかしを食べる。（菓子）
□㉙ おぼれそうになる。（溺(溺)）
□㉚ いちがいには言えない。（一概）
□㉛ 売買のしゅうせんをする。（周旋）
□㉜ 仕事にさしつかえる。（差し支える）
□㉝ たんぱくな味。（淡泊）
□㉞ 部員のぼしゅう。（募集）
□㉟ そくせきの料理。（即席）
□㊱ 現地にふにんする。（赴任）
□㊲ すばらしいしょうがい。（生涯）
□㊳ 失意の友をなぐさめる。（慰）
□㊴ みやげをもらう。（土産）

夏の葬列

教 172～184ページ

□① そうれつを見送る。（葬列）
□② かたい石を割る。（硬）
□③ じゃりがたくさんある。（砂利）
□④ 地方へのそかい。（疎開）
□⑤ 自分のことをおれという。（俺）
□⑥ 力がつきる。（尽）
□⑦ きふくのある台地。（起伏）
□⑧ 着物のすそ。（裾）
□⑨ いもばたけを走る。（芋畑）
□⑩ 黒いもふくを用意する。（喪服）
□⑪ いっしゅんのできごと。（一瞬）
□⑫ さっかくが生じる。（錯覚）
□⑬ つばがたまる。（唾）
□⑭ 建物のかげになる。（陰）
□⑮ かんさいきが飛ぶ。（艦載機）
□⑯ きみょうな形のビル。（奇妙）
□⑰ しょうげきをうける。（衝撃）
□⑱ 話がはずむ。（弾）
□⑲ 確かなきおく。（記憶）
□⑳ ぐうぜんのできごと。（偶然）

□㉑ じゅうげき戦になる。（銃撃）
□㉒ たんかで運ぶ。（担架）
□㉓ 昔のおもかげがある。（面影）
□㉔ 弱音をはく。（吐）
□㉕ げんえいを見る。（幻影）
□㉖ もうそうにとらわれる。（妄想）
□㉗ ふきんしんな発言。（不謹慎）
□㉘ うちょうてんになる。（有頂天）
□㉙ しつれんの経験。（失恋）
□㉚ かんせいがあがる。（喚声）
□㉛ 体がゆれる。（揺）
□㉜ 死者をまいそうする。（埋葬）

漢字の広場3　漢字の多義性

教 190～191ページ

□① いっきんのパン。（一斤）
□② 文章のようし。（要旨）
□③ 手紙にはいけいと書く。（拝啓）
□④ 各地のしょこう。（諸侯）
□⑤ 冬山をせいふくする。（征服）

□⑥ 子どもがごうきゅうする。（号泣）
□⑦ けんかのちゅうさい。（仲裁）
□⑧ ばくしゅうの季節。（麦秋）
□⑨ 真相のばくろ。（暴露）
□⑩ ふんそうの解決を図る。（紛争）
□⑪ せきひに刻まれた文字。（石碑）
□⑫ しょせきを買う。（書籍）
□⑬ 自作の本をきんていする。（謹呈）
□⑭ きんゆうの仕事。（金融）
□⑮ 敵のしゅうげきを受ける。（襲撃）
□⑯ 川がおせんされる。（汚染）
□⑰ こんきょを明らかにする。（根拠）
□⑱ げんこうを清書する。（原稿）

漢字の練習4

教 192ページ

□① きっさてんに行く。（喫茶店）
□② 川のていぼう。（堤防）
□③ かんきゅうをつける。（緩急）
□④ けいやくが切れる。（契約）

間違えやすい漢字は□の色が赤いよ!

⑤ 寒さにていこうがある。（抵抗）

⑥ 野球のおうえんをする。（応援）

⑦ 海底がりゅうきする。（隆起）

⑧ しへいを取り替える。（紙幣）

⑨ 新しいがんぐを買う。（玩具）

⑩ 商品をはんばいする。（販売）

⑪ いっかつで購入する。（一括）

⑫ ぎたいごで表現する。（擬態語）

⑬ お知らせがけいじされる。（掲示）

⑭ じょうすいきを使う。（浄水器）

⑮ かくしんにふれる。（核心）

⑯ ごいを増やす。（語彙（彙））

⑰ げしの日を迎える。（夏至）

⑱ ぼいんの発音。（母音）

⑲ 自然のせつり。（摂理）

⑳ 相互にふじょする。（扶助）

㉑ ら致《ち》される。（拉）

㉒ ごまんえつの表情。（満悦）

㉓ いかんに思う。（遺憾）

㉔ 展開をきぐする。（危惧（惧））

㉕ だせいで動く。（惰性）

㉖ せんりつを覚える。（戦慄）

ガイアの知性

教 194〜205ページ

① 大きなくじらを見る。（鯨）

② 風景のさつえい。（撮影）

③ 相手へのいけいの念。（畏敬）

④ 意向をしさする。（示唆）

⑤ 人間のじゅみょう。（寿命）

⑥ ちえを借りる。（知恵）

⑦ すなおな性格。（素直）

⑧ かたよった考え。（偏）

⑨ どろぼうをとらえる。（捕）

⑩ うさぎにえさを与える。（餌（餌））

⑪ じょうきょうを判断する。（状況）

⑫ 晴天のもとでの運動会。（下）

⑬ 速度をせいぎょする。（制御）

□⑭ もうスピードで走る車。（猛）
□⑮ 方法をせんたくする。（選択）
□⑯ かこくな訓練。（過酷）
□⑰ めすの犬を飼う。（雌）
□⑱ 敵のこうげきを防ぐ。（攻撃）

学ぶ力 教224～232ページ

□① 水中にもぐる。（潜）
□② 現状をいじする。（維持）
□③ 出口がふさがる。（塞）
□④ ゆうれつをつける。（優劣）
□⑤ ししょうから教わる。（師匠）
□⑥ すみで字を書く。（墨）

漢字の練習5 教239ページ

□① こうばいのある土地。（勾配）
□② たんこうで働く。（炭坑）
□③ がくふを見て演奏する。（楽譜）
□④ かじょうな生産。（過剰）
□⑤ 桃のかん詰《づめ》を食べる。（缶）
□⑥ つけ物を食べる。（漬）
□⑦ 実費ではんぷする。（頒布）
□⑧ 美しいおうひ。（王妃）
□⑨ せつ那《な》のできごと。（刹）
□⑩ ちょくしを迎える。（勅使）
□⑪ ちんは天子の自称《じしょう》。（朕）
□⑫ きょうけいさをもつ。（恭敬）
□⑬ 父がしょうちゅうを飲む。（焼酎）
□⑭ 軍隊をとうすいする。（統帥）
□⑮ にまんえんを払《はら》う。（弐万円）
□⑯ 権威のしっつい。（失墜）
□⑰ 大臣のひめん。（罷免）
□⑱ やっかんに違反する。（約款）
□⑲ こくじを押す。（国璽）
□⑳ 学びかつ遊ぶ。（且）
□㉑ ばんゆうをふるう。（蛮勇）
□㉒ だらくした生活。（堕落）
□㉓ じゅんしした兵士。（殉死）

間違えやすい漢字は□の色が赤いよ!

□㉔ じゅうそうが入った薬。（重曹）
□㉕ 敵のほりょになる。（捕虜）
□㉖ 軍のいかん。（尉官）
□㉗ しゃくいを授《さず》かる。（爵位）
□㉘ ふぶきの中を歩く。（吹雪）
□㉙ わこうどの集まり。（若人）
□㉚ えがおで話す。（笑顔）
□㉛ かぜ薬を飲む。（風邪）
□㉜ 外はしぐれだ。（時雨）
□㉝ もみじ狩りに行く。（紅葉）

走れメロス 教 246～266ページ

□① じゃちぼうぎゃくを尽くす。（邪知暴虐）
□② びんかんに反応する。（敏感）
□③ 頼もしいはなむこ。（花婿）
□④ いしょうを用意する。（衣装）
□⑤ しゅくえんを開く。（祝宴）
□⑥ 誘いをこばむ。（拒）
□⑦ けいりが見回る。（警吏）
□⑧ みけんにしわが寄る。（眉間）
□⑨ たみから信用される。（民）
□⑩ 人からちょうしょうされる。（嘲（嘲）笑）
□⑪ 許しをこう。（乞）
□⑫ しょけいされる。（処刑）
□⑬ 宿のていしゅ。（亭主）
□⑭ 現地にとうちゃくする。（到着）
□⑮ 会場の席をととのえる。（調）
□⑯ しゃじくの回転。（車軸）
□⑰ ふきつな夢。（不吉）
□⑱ 室内がむし暑い。（蒸）
□⑲ こよいの催し。（今宵）
□⑳ ゆうゆうと歩く。（悠々）
□㉑ めいよある賞をいただく。（名誉）
□㉒ こぶしを振り上げる。（拳）
□㉓ だくりゅうがうず巻く。（濁流）
□㉔ 繋《けい》しゅうが浮かぶ。（舟）
□㉕ 川の渡しもり。（守）

□㉖ あいがんのまなざし。（哀願）
□㉗ うそから出たまこと。（誠）
□㉘ むだな作業。（無駄）
□㉙ さんぞくの出現。（山賊）
□㉚ なぐり書きの文章。（殴）
□㉛ 気力がなえる。（萎）
□㉜ ろぼうの花を見る。（路傍）
□㉝ 悪の根をたつ。（断）
□㉞ しんくのバラの花。（真紅）
□㉟ 敵の目をあざむく。（欺）
□㊱ ぎわくを晴らす。（疑惑）
□㊲ ひれつな考え。（卑劣）
□㊳ みにくい行動。（醜）
□㊴ 任務をすいこうする。（遂行）
□㊵ 星がかがやく。（輝）
□㊶ みすぼらしいふうてい。（風体）
□㊷ 筋肉質のらたい。（裸体）
□㊸ 遠くにとうろうを見つける。（塔楼）
□㊹ いっぺんのパン。（一片）
□㊺ 友とのほうよう。（抱擁）
□㊻ くうきょな生活。（空虚）

漢字の広場4　同音の漢字

教 272〜273ページ

□① きせいの事実を整理する。（既成）
□② きかんを広げる。（机間）
□③ 赤字をほてんする。（補填（塡））
□④ 車がじょこうする。（徐行）
□⑤ はいせき運動が起きる。（排斥）
□⑥ れいとうの魚。（冷凍）
□⑦ しゅうとくぶつを届ける。（拾得物）
□⑧ 土地のかいこん。（開墾）
□⑨ こんせつ丁寧《ていねい》に説明する。（懇切）
□⑩ じゅようが高まる。（需要）
□⑪ じゅきょうを学ぶ。（儒教）
□⑫ 交通のぼうがいになる。（妨害）
□⑬ しぼうの多い肉。（脂肪）
□⑭ ぼうせきの工場。（紡績）

間違えやすい漢字は□の色が赤いよ!

□⑮ りょうちょうになる。（寮長）

□⑯ りょうゆうに恵まれる。（僚友）

□⑰ めいりょうな表現。（明瞭）

□⑱ 税金のしんこく。（申告）

□⑲ こうせい年金をもらう。（厚生）

□⑳ せっかいをまく。（石灰）

□㉑ 川のじんせんを調べる。（深浅）

□㉒ きゅうどうを習う。（弓道）

小学校で学習した漢字

□① 教室のまどを開ける。（窓）

□② 舞台のまくが上がる。（幕）

□③ 海のしおが満ちる。（潮）

□④ 書店でざっしを買う。（雑誌）

□⑤ なんまいもの紙を配る。（何枚）

□⑥ はりがねを使って固定する。（針金）

□⑦ 外にシャツをほす。（干）

□⑧ 祖母の家をたずねる。（訪）

□⑨ しゅうしょく活動を行う。（就職）

□⑩ 体がちゅうに舞う。（宙）

□⑪ はげしい雨が降る。（激）

□⑫ 鏡に姿がうつる。（映）

□⑬ 布に色をそめる。（染）

□⑭ カードをうら返して置く。（裏）

□⑮ 足にいたみを感じる。（痛）

□⑯ 先生にけいいを払《はら》う。（敬意）

□⑰ のうの検査をする。（脳）

□⑱ そんざい感のある人。（存在）

□⑲ 弟のたんじょうびを祝う。（誕生日）

□⑳ われわれはクラスメイトだ。（我々）

□㉑ ぎもんを解決する。（疑問）

□㉒ 税金をおさめる。（納）

□㉓ よくあさは早起きの予定だ。（翌朝）

□㉔ みんしゅうが集まる。（民衆）

□㉕ こうごう陛下が話される。（皇后）

□㉖ 年長者としての威げんを保つ。（厳）

□㉗ 国家にちゅうせいを誓う。（忠誠）